JEAN-PAUL II

LA SPLENDEUR DE LA VÉRITÉ

Lettre encyclique
Veritatis Splendor
6 août 1993

Présentation
Jean-Louis Bruguès

Guide de lecture
Georges Cottier — Albert Chapelle

MAME/PLON

ISBN 2-7289-0625-4
© Éditions Mame, 1993

PRÉSENTATION

Il se pourrait que la longue attente qui précéda la parution de l'encyclique « Veritatis Splendor » rendît plus difficile sa réception.

Une si longue attente

L'encyclique avait été annoncée dès 1987. La lettre apostolique « Spiritus Dominus », publiée le 1er août de cette année-là, à l'occasion du deuxième centenaire de la mort de saint Alphonse-Marie de Liguori, patron des théologiens moralistes, prévoyait qu'une encyclique devait traiter prochainement « *plus profondément et plus amplement les questions concernant les fondements mêmes de la théologie morale* » (VS 5). En fait, on peut raisonnablement estimer que le Pape y songeait depuis très longtemps, sans doute depuis l'apparition de ce qu'il est convenu d'appeler le « dissentiment » de certains théologiens.

Ce « dissentiment », ou dissension, apparut après la parution de l'encyclique « Humanae Vitae » (1968). Il commença par revêtir la forme d'une critique ouverte à l'encontre des normes particulières contenues dans le document magistériel; des théologiens, en effet, mais aussi de nombreux chrétiens ne comprirent pas et acceptèrent moins encore que les moyens de contraception mécaniques et chimiques y fussent déclarés illicites. L'opposition s'élargit après la parution de la Déclaration romaine « Persona Humana » en 1975, et remit en cause les notions de nature humaine et de loi naturelle, fondements traditionnels de la morale catholique. Enfin, elle se transforma en critique déclarée de l'autorité du Magistère en matière morale, et de son mode de fonctionnement, après que Jean-Paul II eut publié son Exhortation apostolique « Familiaris Consortio » en 1981.

Il y avait une crise. Le Magistère l'estimait profonde. *« Le dissentiment, fait de contestations délibérées et de polémiques, exprimé en utilisant les moyens de communication sociale, est contraire à la communion ecclésiale et à la droite compréhension de la constitution hiérarchique du Peuple de Dieu »* (VS 113). Il était du devoir du Magistère de se prononcer et d'exercer son pouvoir de discernement.

Régulièrement annoncée comme prochaine et constamment repoussée, la parution de « Veritatis Splendor » soulevait des interrogations renouvelées. L'attente se trouva même « parasitée » un moment, lorsqu'on crut que le document en préparation allait traiter de la vie humaine sous tous ses aspects et des menaces qui pesaient sur elle dans les sociétés contemporaines.

Or, tel n'est pas le propos de la présente encyclique ; elle *« entend exposer, sur les problèmes en discussion, les raisons d'un enseignement moral enraciné dans l'Écriture Sainte et dans la Tradition apostolique vivante, en mettant simultanément en lumière les présupposés et les conséquences des contestations dont cet enseignement a été l'objet »* (VS 5).

Pour y parvenir, l'encyclique veut rappeler et expliquer les vérités fondamentales sur lesquelles s'appuie la doctrine morale catholique. Certes, depuis les origines, l'Église avait proposé un enseignement moral très développé sur les multiples aspects de la vie humaine (VS 4). Le moment était venu, semblait-il, d'offrir une réflexion d'ensemble sur la morale fondamentale. Quel est le sens profond de la vie humaine? Qu'appelle-t-on bien et mal? Quels sont les critères pratiques qui permettent d'apprécier la valeur morale des actes humains? Existe-t-il une vérité en morale? C'est la première fois dans son histoire, notons-le en passant — mais cette remarque ne manque pas d'importance — que le Magistère intervenait dans ce domaine (VS 115).

La répartition des rôles

Pour justifier le retard de sa parution, l'encyclique avance une raison : s'appuyant constamment sur le *Catéchisme de l'Église catholique*, elle devait attendre sa publication. Le Catéchisme a été rendu public en décembre 1992. « Veritatis Splendor » a été promulguée moins d'une année plus tard, le 6 août 1993. Sous le pontificat actuel, les « grands textes » apparaissent selon le rythme moyen d'un, chaque année et demie.

Il ne fait pas de doute que l'encyclique « Veritatis Splendor » apparaîtra comme l'un de ces grands textes.

Il y eut entre elle et le Catéchisme une sorte de répartition des rôles. Le Catéchisme voulait offrir un exposé complet, systématique et organique de la foi de l'Église. Dans sa partie morale, intitulée « *La vie dans le Christ* », il énonce et articule entre eux les concepts fondamentaux de la vie morale du chrétien. Ce sont : la création à l'image de Dieu, la vocation de l'homme à la béatitude, la liberté, les actes et les passions, la conscience, les vertus, le péché, les valeurs de la vie sociale, la loi, la grâce, le rôle de l'Église, les commandements divins. Un Catéchisme vise à la durée. Il ne peut traiter en tant que telles des questions d'actualité, puisque le propre de celles-ci est de passer. En ce sens, un catéchisme « actuel » est exposé au danger du vieillissement rapide. Les rédacteurs en étaient bien conscients. Ils adoptèrent un ton serein et se refusèrent à entrer dans les querelles toujours vives entre les diverses écoles théologiques, voire les courants philosophiques.

Une encyclique répond toujours aux préoccupations du moment. « Veritatis Splendor » renvoie souvent aux exposés du Catéchisme (CEC 5, 12, 13, 16, 42, 78, 100), mais se réserve d'analyser la situation nouvelle créée par la mise en discussion globale et systématique du patrimoine moral. Elle examine les conceptions anthropologiques qui conduisent à :
— la séparation entre la liberté humaine et la vérité morale ;
— le rejet de la loi naturelle et, partant, de l'universalité et de la permanence des normes morales ;
— la remise en cause du rôle du Magistère, comme s'il devait se contenter d' « exhorter les consciences », sans pouvoir leur offrir des normes concrètes précises ;
— l'effacement des commandements de Dieu [1], comme s'ils ne pouvaient plus éclairer les choix quotidiens des personnes et des sociétés, ce qui revient à distendre les liens unissant la morale à la foi (VS 4).

D'une manière plus générale, nous pourrions dire que l'encyclique passe au crible de la doctrine catholique les philosophies du subjectivisme, du relativisme, du positivisme, du pragmatisme et de l'utilitarisme (VS 112).

S'il existe donc une corrélation certaine entre le Catéchisme et la présente encyclique, publiés l'un près de l'autre, il ne faudrait pas négliger ce qu'on pourrait appeler l'héritage direct que « Veritatis

[1] Lorsque le projet du Catéchisme avait été envoyé aux évêques du monde entier, en 1988-1989, la partie morale en avait été la plus critiquée au point que la commission de rédaction décida de la refondre complètement. Parmi les reproches formulés par les évêques et les théologiens, la question de la place des commandements revenait le plus souvent. On craignait qu'une présentation à partir des commandements ne conférât à l'ensemble de la morale un aspect trop rigide et trop juridique. Dans les discussions qui suivirent chez les experts, il fut impossible de parvenir à un consensus. Certains auraient préféré une exposition à partir des Béatitudes, d'autres plaidaient en faveur du schéma des vertus...

Splendor » trouve dans d'autres documents magistériels, en particulier dans les textes conciliaires de Vatican II. Elle se présente même comme un prolongement de la constitution « Gaudium et Spes » (VS 2, 3, 13, 28, 29, 30, 31, 36, 38, 39, 42, 48, 50, 52, 53, 54, 55, 62, 63, 71, 73, 80, 86, 92, 97) qui proposait une anthropologie fondamentale, quoique de manière incomplète, et s'interrogeait déjà sur la question, devenue aujourd'hui brûlante, de l'autonomie des réalités terrestres, donc de la raison de la conscience morale. Elle cite volontiers la constitution dogmatique « Dei Verbum » (VS 5, 27, 28, 29, 66, 68), la déclaration « Dignitatis Humanae » (VS 31, 34, 64, 82), le décret « Optatam Totius » sur la formation des prêtres (VS 7, 29) et, enfin, la constitution « Lumen Gentium » qui précisait la responsabilité des évêques en matière morale (VS 3, 87, 109, 114).

Diverses portes d'entrée

L'encyclique présente une unité dans la mesure où elle traite d'une seule matière : la morale fondamentale, ou mieux, la théologie morale fondamentale. L'épisode évangélique du jeune homme riche (Mt 19,16 s.) fournit un fil conducteur à travers les trois chapitres qui composent le texte. « Veritatis Splendor » pourrait être présentée comme un commentaire et un prolongement de la réponse de Jésus à la question, il est vrai fondamentale, que lui pose le jeune homme : « *Que dois-je faire pour avoir la vie éternelle ?* »

Que le lecteur ne se laisse pas décourager par l'aspect massif du texte, la précision et la richesse de l'appareil technique auquel il recourt, principalement dans le second chapitre, ou encore par l'impeccable rigueur logique de développements souvent abstraits. Dans ce monument d'apparence lisse, comment s'introduire ?

En réalité, les portes d'entrée sont diverses. Les destinataires sont différents ; différents sont encore les genres littéraires utilisés.

Certes, comme toutes les encycliques, « Veritatis Splendor » s'adresse en premier lieu aux évêques. Toutefois elle insiste avec une force particulière sur leur responsabilité de pasteurs en matière morale : « *En tant qu'évêques, nous avons le devoir d'être vigilants pour que la Parole de Dieu soit fidèlement enseignée. Mes Frères dans l'Épiscopat, il entre dans notre ministère pastoral de veiller à la transmission fidèle de cet enseignement moral et de prendre les mesures qui conviennent pour que les fidèles soient préservés de toute doctrine ou de toute théorie qui lui sont contraires. (...) Comme évêques, nous avons le grave devoir de veiller personnellement à ce que la " saine doctrine " (1 Tm 1,10) de la foi et de la morale soit enseignée dans nos diocèses* » (n° 116).

De manière tout à fait classique encore, lorsque le Magistère se prononce en matière morale, il s'adresse, non plus aux seuls fidèles, mais à tous les hommes de bonne volonté. Experte en humanité, « *L'Église sait que la question morale rejoint en profondeur tout homme, implique tous les hommes, même ceux qui ne connaissent ni le Christ et son Évangile, ni même Dieu* » (VS 3).

Toutefois, l'encyclique, parce qu'elle adopte un genre littéraire différent pour chacun de ses chapitres, vise à être entendue par des publics variés :

Le premier chapitre se présente comme une méditation profonde, sereine, fort belle, de l'épisode du jeune homme riche. D'accès aisé, portant tout spécialement la marque de la plume du Pape, cette méditation devrait retenir l'attention du plus grand nombre. Par conséquent, nous recommandons au lecteur de commencer par elle.

Le second chapitre adopte le genre de l'admonestation. Il expose, puis discute les théories nouvelles qui peuvent compromettre une juste compréhension de la doctrine morale catholique. Il représente, non pas la pointe du texte qui en comporte plusieurs, mais le cœur. Le plus grand soin a manifestement été apporté à sa rédaction. Son haut degré de technicité explique qu'il sera mieux compris par les théologiens et les philosophes.

Le troisième chapitre, de composition plus lâche, choisit le ton de l'exhortation. Il lance un appel à la collaboration des pouvoirs publics, des théologiens moralistes et, nous l'avons déjà noté, des évêques, ses principaux destinataires. Toutefois, dans la mesure où il rappelle que la figure du martyr reste le modèle, par excellence, du chrétien, et que toute vie morale possède un goût de renoncement et de sacrifice, les chrétiens dans leur ensemble s'y retrouveront sans trop de peine.

La méditation

Ce premier chapitre ne devrait pas soulever d'objection. L'encyclique a raison de rappeler que la péricope du jeune homme riche, lue principalement chez Matthieu, sans omettre les références à Marc et à Luc, constitue une trame utile pour réentendre de manière vivante l'enseignement moral de Jésus (VS 6). Elle représente, en effet, un lieu majeur de la morale chrétienne.

De ce passage évangélique on retirera cinq affirmations ou encore cinq leçons qui doivent éclairer, à quelques deux mille ans de distance, l'homme de notre temps :

a) *Le lien établi par le jeune homme entre le bien moral et l'accomplissement de la vie.* A la différence d'un Kant, il ne limite pas sa question à : « *Que dois-je faire ?* » ou même : « *Que dois-je faire de bon ?* » Il demande : « *Que dois-je faire de bon pour avoir la vie éternelle ?* » Il perçoit au fond de lui comme une aspiration à la vie sans fin, ou une nostalgie pour l'au-delà. Il comprend que ses actes et ses attitudes n'engagent pas le seul présent ; ils jouissent d'une résonnance à la fois mystérieuse et infinie. Ils déterminent l'avenir, irrémédiablement.

b) *Dieu seul peut répondre à la question du bien, parce qu'il est le Bien* (VS 9). Le jeune homme s'approche du Christ ; en lui révélant sa nature et sa vocation humaines, celui-ci enseigne la vérité dans toute sa splendeur. L'homme se découvre, en effet, au moment où Dieu se révèle lui-même (VS 10). En ce sens, la démarche morale n'est pas autonome ; elle est foncièrement religieuse. Dieu seul est le Bien ; le bien moral consistera à l'aimer, lui appartenir et obéir à sa loi.

c) *Les commandements forment le préalable à toute vie morale, le porche d'entrée dans la charité.* Ils constituent la première étape du chemin de la liberté humaine. Jésus commence par renvoyer le jeune homme aux commandements de Dieu et lie ainsi entre eux l'amour de Dieu et celui du prochain. Les commandements désignent les conditions minimales du respect de l'autre : on ne peut faire le bien de son prochain si on ne commence pas par respecter ses biens. Ils sont donc indépassables. Les béatitudes décrivent, certes, des dispositions fondamentales de la vie chrétienne, mais elles ne coïncident pas exactement avec eux ; elles ne sauraient, par conséquent, se substituer à eux (VS 16 ; cf. note 1).

d) *La perfection ne représente pas une option pour l'homme, mais une nécessité de tout son être.* Créé à l'image de Dieu, il ne peut pas cesser d'aspirer à le rejoindre en l'imitant. L'appel est radical, il s'adresse à tous les hommes. Comme personne n'a jamais vu Dieu (cf. Jn 6,46 ; 1 Tm 6,16), il ne sera possible de l'imiter qu'en suivant son Fils (faire « comme » lui), en adhérant, non pas seulement à son enseignement, mais à sa personne même, en s'incorporant à lui, en devenant membre de son Corps qui est l'Église (VS 19-21).

e) *L'école de la perfection est réellement possible à celui qui accepte la grâce que Dieu offre à tous* (VS 24). La perspective de la perfection peut effrayer; on peut la juger trop rude, réservée à quelques privilégiés, impossible en un mot : « La perfection n'est pas de ce monde » entend-on souvent dire. Si le Christ nous commande d'imiter le Père qui est parfait, cela doit être possible. En nous plaçant sous le régime d'une loi nouvelle, celle de son Esprit, il nous communique la force de faire la vérité dans notre vie morale, de transformer nos existences, même marquées par le péché, en louanges de la gloire de Dieu.

On a souvent reproché aux documents magistériels traitant des questions morales de ne proposer qu'une démarche rationnelle et de ne s'appuyer que sur la loi naturelle. Ce n'est pas le lieu de discuter cette objection ici. L'encyclique, qui abordera longuement la question de la loi naturelle dans le chapitre suivant, veut cependant la prévenir. La méditation évangélique poursuit un double objectif : d'une part, elle fournit un fil conducteur à l'ensemble du texte ; d'autre part, elle prouve l'enracinement scripturaire de l'enseignement du Magistère. Chacun des grands paragraphes qui suivent sera d'ailleurs précédé d'une référence biblique.

L'admonestation

Le chapitre deuxième, disions-nous, est de loin le plus technique ; son accès apparaîtra malaisé à beaucoup. Il occupe cependant une place centrale dans l'encyclique. Animée par un double souci, celui d'enseigner ce qui est conforme à la saine doctrine (Tt 2,1), et celui d'inciter à ne pas se modeler sur le monde présent (Rm 12,2) — la formulation négative donne à l'intitulé du chapitre une allure quelque peu provocatrice —, l'Église propose son discernement sur quelques tendances de la théologie morale actuelle. Il ne fait pas de doute que le Magistère y engage toute son autorité.

Le Concile Vatican II avait invité les spécialistes à

s'appliquer, « *avec un soin particulier à perfectionner la théologie morale* » (Décret « Optatam Totius », n° 16). Il avait invité les théologiens « ... *à chercher la manière toujours plus adaptée pour communiquer la doctrine aux hommes de leur temps* » (Constitution « Gaudium et spes », n° 62). Cet appel a été entendu par les uns et les autres. Il ne serait pas difficile de montrer que, surtout depuis les quinze dernières années, la matière morale et la théologie qui la considère ont été renouvelées en profondeur. L'encyclique s'en réjouit et exprime sa gratitude à ceux qui ont apporté des « *réflexions intéressantes et utiles* » (VS 29).

Dans la profusion des recherches, et de manière inévitable, aurait-on envie de dire, une partie du patrimoine moral lentement amassé au cours des siècles par l'Église risque d'être négligé, sinon oublié. Des incompréhensions et des erreurs se sont glissées. Le Magistère se voit donc obligé d'intervenir en accomplissant son œuvre de discernement. Il énonce les principes qui permettront de juger ce qui, dans certaines des théories nouvellement échafaudées, est contraire à la saine doctrine. L'Église veut redonner aujourd'hui la réponse du Maître (VS 30).

Tous les problèmes moraux qui ont surgi depuis peu dans les sociétés contemporaines gravitent autour du concept de liberté humaine. La situation est devenue paradoxale. D'une part, certains courants ont exalté cette liberté au point d'en faire un absolu, ce qui revient à ériger la conscience individuelle en juge suprême des valeurs morales (VS 32). D'autre part, une certaine utilisation des sciences humaines renvoie à l'image d'un homme tellement conditionné par sa culture et son époque que sa liberté est pratiquement niée (VS 33).

Il faut donc définir ce que l'on entend par liberté humaine et justifier le lien qui l'unit à la vérité.

L'encyclique examine quatre questions principales.

a) La liberté et la loi

La Révélation montre que le pouvoir de décider du bien et du mal appartient à Dieu seul. La liberté humaine est toujours « située » par rapport à l'arbre de connaissance de la Genèse ; elle ne tire d'elle-même ni son origine, ni son mode de fonctionnement (VS 35).

L'encyclique envisage une première théorie morale qui, depuis une vingtaine d'années environ, jouit d'un succès certain parmi les théologiens, mais aussi les philosophes, allemands et surtout anglo-saxons.

Cette théorie revendique *l'autonomie* de la conscience morale. « *Certains en sont arrivés à faire la théorie de la souveraineté totale de la raison dans le domaine des normes morales portant sur la conduite droite de la vie en ce monde : ces normes constitueraient le domaine d'une morale purement " humaine ", c'est-à-dire qu'elles seraient l'expression d'une loi que l'homme se donne à lui-même de manière autonome et qui a sa source exclusivement dans la raison humaine* » (VS 36).

Certes, l'encyclique en convient, il existe une juste autonomie de l'activité rationnelle. Dieu a laissé l'homme à son propre conseil (Si 15,14) ; il lui confie la maîtrise du monde. Il en fait son lieu-tenant en quelque sorte. Mais la raison, en réalité, détermine et applique la loi morale. Elle puise son autorité dans la vérité même de la loi divine, seule source de la moralité (VS 40). La conscience est donc incapable, à moins que de se leurrer elle-même et de devenir victime des contingences historiques, de créer les normes et les valeurs morales dont elle a besoin. Il n'y a d'autonomie véritable que dans l'ouverture à la loi morale, c'est-à-dire à l'autre, en fin de compte.

On ne saurait pour autant parler d'hétéronomie, comme si on réclamait à la conscience d'obéir à une loi extérieure à elle et finalement aliénante. La raison participe à la Sagesse divine (« théonomie partici-pée ») par la présence en elle d'une loi appelée natu-relle. L'encyclique s'attache alors à exposer longue-ment ce qu'il faut entendre par « *loi naturelle* ».

On a dit plus haut que plusieurs théologiens, mais aussi de nombreux chrétiens, butaient sur cette notion (VS 46). L'encyclique en propose une défini-tion classique (VS 43-45) et rejette les accusations de « physicisme » ou de « naturalisme », portées depuis longtemps à l'encontre de la doctrine catholique. Elle s'attache plus particulièrement, de manière plus neuve, à préciser la place du corps et son « langage ». La loi naturelle permet de comprendre que celui-ci n'est pas seulement le matériau nécessaire, le support indispensable de la liberté humaine : il est pour elle une source de sens. En maintenant la doctrine de la loi naturelle, par conséquent, l'église défend l'unité profonde de la personne humaine et la protège contre toutes les manipulations de la corporéité qui la bles-seraient (VS 50).

Enfin, la loi naturelle implique l'universalité du genre humain et des préceptes moraux. Devenu très sensible à la variété des cultures et aux variations de l'histoire, l'homme contemporain doute de l'immu-tabilité de la loi naturelle. Il perçoit bien le change-ment, mais il ne saisit plus guère la permanence. Or l'homme ne se définit pas seulement comme un être culturel ou historique. Il existe en lui « *quelque chose qui transcende les cultures. Ce " quelque chose " est précisément la nature de l'homme : cette nature est la mesure de la culture et la condition pour que l'homme ne soit prisonnier d'aucune de ses cultures, mais pour qu'il affirme sa dignité personnelle dans une vie conforme à la vérité profonde de son être* » (VS 53).

b) La conscience et la vérité

La théorie de l'autonomie confère à la conscience, non seulement le pouvoir de comprendre, d'inter-préter et d'appliquer les normes morales générales, ce qui est admis par tous, mais aussi de les juger. La conscience ne reçoit plus les valeurs morales, *elle les crée*, au point qu'une personne, en conscience, pourrait se donner à elle-même la dispense de certaines obligations. Il est devenu courant, par exemple, de légitimer des « *solutions " pastorales " contraires aux enseignements du Magistère, et justifier une herméneutique " créatrice ", d'après laquelle la conscience morale ne serait nullement obligée, dans tous les cas, par un précepte négatif particulier* » (VS 56).

Comme elle l'avait fait pour la loi naturelle, et d'ailleurs en connexion étroite avec elle, l'encyclique propose un *petit traité de la conscience morale chrétienne*.

La conscience n'est pas fermée sur elle-même ; elle n'est pas le reflet de la seule subjectivité. Elle est naturellement ouverte à la transcendance. La Bible nous la décrit comme un témoin intérieur de la fidélité ou de l'infidélité à la loi divine, elle-même inscrite dans les cœurs. Lorsque l'homme délibère en sa conscience, il ne se contente pas de dialoguer avec lui-même ; il ne soliloque pas ; il écoute le témoignage de Dieu. Tandis que la loi exprime la norme universelle et objective de la moralité, la conscience personnelle joue le rôle d'une norme immédiate (VS 60). Comme témoin de la vérité universelle, elle prononce un jugement qui reconnaît la rectitude de l'action ou, au contraire, en dénonce la malice.

Parce qu'elle peut se tromper, de bonne ou de mauvaise foi, la conscience a besoin d'être constamment formée et éclairée. « *L'autorité de l'Église, qui se prononce sur les questions morales, ne lèse donc en rien la liberté de conscience des chrétiens : d'une part, la liberté de conscience n'est jamais une liberté affranchie " de " la vérité, mais elle est toujours et seulement " dans " la vérité ; et, d'autre part, le Magistère ne fournit pas à la conscience chrétienne des vérités qui lui seraient étrangères, mais il montre au contraire les vérités qu'elle devrait déjà posséder en les déployant à partir de l'acte premier de la foi* » (VS 64).

c) Le choix fondamental et les comportements concrets

Une seconde théorie morale est examinée, également très en vogue dans les milieux universitaires anglo-saxons et encore mal connue en France : la *théorie de l'option fondamentale.*

Cette dernière propose une révision très radicale du rapport de la personne à ses propres actes, en distinguant deux niveaux de moralité. Chaque être humain jouirait d'une liberté fondamentale qui lui permettrait de s'orienter volontairement et profondément vers le bien ou vers le mal. Ce choix général porte le nom d'option fondamentale. En revanche, dans les décisions particulières et les choix concrets de l'existence habituelle, le sujet se déterminerait en fonction de ce qui lui paraît « juste » *(right)* ou « faux » *(wrong).* Ce second niveau est qualifié de pré-moral. Tout en conservant une option fondamentale bonne, par exemple, pour le chrétien, une fidélité à l'appel du Christ et aux exigences baptismales, la personne pourrait choisir de transgresser sans pécher des normes particulières objectives. L'option fondamentale relativise tous les choix singuliers. Il n'existerait pas de norme morale particulière absolue.

L'encyclique ne récuse pas l'expression « option fondamentale », car elle peut rendre des services évidents. Mais en s'appuyant sur l'Écriture et l'unité de la personne humaine, elle démontre que les actes particuliers transforment en profondeur la personne et engagent réellement son avenir. Elle rappelle que les préceptes négatifs qui interdisent certains actes ou comportements concrets, comme étant intrinsèquement mauvais, n'admettent aucune exception légitime : « *ils ne laissent au un espace moralement acceptable pour " créer " une quelconque détermination contraire* » (VS 67). Adhérer à cette théorie reviendrait à admettre que l'on pourrait rester fidèle à

Dieu, et poser des actes concrets qui seraient contraires à sa loi morale.

En réalité, l'homme se perd dans chaque péché mortel.

d) L'acte moral

« *La relation entre la liberté de l'homme et la Loi de Dieu, qui se réalise de façon profonde et vivante dans la conscience morale, se manifeste et se concrétise dans les " actes humains "* » (VS 71). Ceux-ci engagent toute la liberté de l'homme. Ils tirent leur bonté ou leur malice, non pas seulement de l'intention du sujet, bonne ou mauvaise, mais de leur conformité ou non à la *moralité objective donnée par la loi*. Est bon l'acte qui respecte et promeut le vrai bien de l'homme. Parce qu'ils sont orientés ou non vers Dieu, les actes offrent donc un caractère téléologique.

L'encyclique dénonce alors les fausses solutions préconisées par le « conséquentialisme » (appréciation des seules conséquences attendues de l'acte) et le « proportionnalisme (pondération des conséquences). Si ces théories rencontrent tant de faveur chez nos contemporains, c'est parce qu'elles se trouvent en affinité avec la mentalité scientifique et technicienne de nos sociétés (VS 76). Malgré cela, elles sont irrecevables par la doctrine chrétienne, parce qu'elles reviennent à justifier des choix et des comportements délibérément contraires à la loi divine.

Il n'est pas licite de faire le mal en vue du bien. Il existe des *actes qui sont intrinsèquement mauvais*. Par lui-même leur objet ne peut être ordonné à Dieu parce qu'il est radicalement contraire au bien de la personne, image de Dieu (VS 80). L'Écriture, la Tradition et les documents magistériels les plus récents en fournissent maints exemples. Si l'objet est mauvais, la meilleure intention du monde ne suffit pas à le convertir en bien. On le voit, la notion d'actes intrinsèquement mauvais se trouve en continuité par-

faite avec la vision intégrale de l'homme que défend
« Splendor Veritatis » (VS 83).

Exhortation

Il ne suffit pas d'admonester. Il faut, « *avant
tout faire apparaître la splendeur fascinante de cette
vérité qui est Jésus-Christ lui-même. En Lui, qui est
la Vérité (cf. Jn 14,6), l'homme peut comprendre pleinement et vivre parfaitement, par ses actes bons, sa
vocation à la liberté dans l'obéissance à la Loi
divine... »* (VS 83). La tâche est immense. Elle suppose un profond renouvellement de la théologie et de
la pastorale de l'Église. Elle exige la participation de
tous. « *Il est... urgent que les chrétiens redécouvrent la
nouveauté de leur foi et la force qu'elle donne au jugement par rapport à la culture dominante et envahissante »* (VS 88).
Le troisième chapitre de l'encyclique présente un
aspect composite. Son style est plus faible que celui
des deux parties précédentes, le plan plus difficile-
ment repérable. Cette partie vise à mobiliser toute
l'Église précisément au moment où celle-ci se lance
dans l'extraordinaire défi d'une « nouvelle évangélisation » (VS 106-108). Cette dernière ne comporte-
t-elle pas « *l'annonce et la proposition de la morale? »*
On invite les *chrétiens* à se ressourcer auprès du
témoignage des martyrs et à les prendre pour
modèles (VS 90-93). Ils ne devront pas craindre de
s'inspirer de ceux qui, bien que païens, comme les
Stoïciens, ou appartenant à d'autres traditions religieuses, ont rendu témoignage à la vérité (VS 94). Le
titre lui-même de l'encyclique n'est-il pas emprunté à
Platon pour qui le bien était la splendeur du vrai?
La doctrine morale du christianisme est un fer-
ment de renouveau moral de toutes les sociétés. Elle
protège efficacement la dignité de la personne, elle
préserve le tissu social et l'art de vivre ensemble
(VS 97). L'encyclique invite donc les *pouvoirs publics*
à rejeter le totalitarisme sous toutes ses formes

(VS 99), à combattre la corruption (VS 98) et à ne transgresser sous aucun prétexte les droits fondamentaux de la personne (VS 97).

Les idéologies se sont effondrées. Un nouveau danger se lève : celui d'une alliance entre l'idéal démocratique et le relativisme éthique. Sans la nommer expressément, l'encyclique met en garde contre une théorie morale en vogue dans les sociétés occidentales, l' « éthique procédurale ». Les normes morales ne sauraient résulter d'une décision majoritaire, toujours provisoire, toujours révisable (VS 101 et 113).

Individus et sociétés se garderont de toute attitude pharisaïque. Ils se rappelleront que, si l'homme est faible — mais la faiblesse n'est pas un critère de vérité morale (VS 104) —, toujours enclin au péché, la grâce divine, coopérant avec la liberté, le sauve et lui donne la force d'obéir à la Loi de Dieu. Les commandements n'excèdent pas la capacité humaine puisque celle-ci a été régénérée sous l'action de l'Esprit-Saint.

L'encyclique réclame le service des *théologiens moralistes*. L'Église a besoin d'eux, mais aussi les sociétés de ce temps, car ils occupent une place véritablement stratégique au sein de la culture contemporaine. Sans rien abdiquer de la rigueur scientifique que requiert leur discipline, il leur revient d'approfondir les motifs de l'enseignement de l'Église, de mettre en valeur les fondements des préceptes moraux et de souligner leur caractère obligatoire, en les reliant à la fin dernière de l'homme, cette vie éternelle que cherchait le jeune homme de l'Évangile (VS 110). Dans l'exercice de leur ministère, ils donneront « *l'exemple d'un assentiment loyal, intérieur et extérieur, à l'enseignement du Magistère dans le domaine du dogme et celui de la morale* ».

Enfin, selon ce qui a été dit plus haut, « Veritatis Splendor » rappelle aux *évêques* leur devoir de pasteurs et de gardiens de l'orthodoxie, notamment à l'égard des institutions catholiques (VS 114 et 116).

La parole de l'Église est exigeante. L'Église n'est pas maîtresse de la vérité. Elle la reçoit du Christ crucifié, Vérité qui se donne et confère la vie. Elle se doit de l'enseigner, à temps et à contre-temps. Sans doute l'encyclique soulèvera-t-elle des remous. On l'avait trop attendue pour ne pas faire connaître haut et fort critiques et contestations. Le Pape espère-t-il vraiment que la publication de « Veritatis Splendor » suffira à résorber le dissentiment des uns et l'opposition des autres?

Il est une critique cependant que l'encyclique cherche à prévenir. Rigueur ne signifie pas rigorisme. Le rôle d'une mère n'est pas d'abord d'être tendre, mais d'éduquer ses enfants à la liberté; leur vie est à ce prix. Elle enseigne qu'en dépit des apparences, peut-être, la morale chrétienne est d'une étonnante simplicité : il suffit de suivre le Christ, pas à pas, sous la mouvance de l'Esprit (VS 119). Elle comprend la faiblesse des hommes. Elle sait qu'aucun péché n'annule jamais la miséricorde divine : la faute ne fait-elle pas resplendir l'amour de Dieu? Aussi confie-t-elle la vie morale de tous, croyants et hommes de bonne volonté, à la Mère par excellence, Marie, « Trône de la Sagesse » et « Mère de miséricorde ».

Jean-Louis Bruguès, o.p.
Commission Théologique Internationale.

Vénérés Frères dans l'épiscopat,
salut et Bénédiction apostolique!

L A SPLENDEUR DE LA VÉRITÉ se reflète dans toutes les œuvres du Créateur et, d'une manière particulière, dans l'homme créé à l'image et à la ressemblance de Dieu (cf. *Gn* 1, 26): la vérité éclaire l'intelligence et donne sa forme à la liberté de l'homme, qui, de cette façon, est amené à connaître et à aimer le Seigneur. C'est dans ce sens que prie le psalmiste: « Fais lever sur nous la lumière de ta face » (*Ps* 4, 7).

INTRODUCTION

JÉSUS CHRIST, LUMIÈRE VÉRITABLE
QUI ILLUMINE TOUT HOMME

1.   Appelés au salut par la foi en Jésus Christ, « lumière véritable qui éclaire tout homme » (*Jn* 1, 9), les hommes deviennent « lumière dans le Seigneur » et « enfants de la lumière » (*Ep* 5, 8), et ils se sanctifient par « l'obéissance à la vérité » (*1 P* 1, 22).

Cette obéissance n'est pas toujours facile. A la suite du mystérieux péché originel, commis à l'instigation de Satan, « menteur et père du mensonge » (*Jn* 8, 44), l'homme est tenté en permanence de détourner son regard du Dieu vivant et vrai pour le porter vers les idoles (cf. *1 Th* 1, 9), échangeant « la vérité de Dieu contre le mensonge » (*Rm* 1, 25); même la capacité de connaître la vérité se trouve alors obscurcie et sa volonté de s'y soumettre, affaiblie. Et ainsi, en s'abandonnant au relativisme et au scepticisme (cf. *Jn* 18, 38), l'homme recherche une liberté illusoire en dehors de la vérité elle-même.

Mais les ténèbres de l'erreur et du péché ne peuvent supprimer totalement en l'homme la lumière du Dieu Créateur. De ce fait, la nostalgie de la vérité absolue et la soif de parvenir à la plénitude de sa connaissance demeurent toujours au fond de son cœur. L'inépuisable recherche humaine dans tous les domaines et dans tous les secteurs en est la preuve éloquente. Sa recherche du *sens de la vie* le montre encore davantage. Le développement de la science et de la technique, magnifique témoignage des capacités de l'intelligence et de la ténacité des hommes, ne dispense pas l'humanité de se poser les questions religieuses essentielles; il la pousse plutôt à affronter les combats les plus douloureux et les plus décisifs, ceux du cœur et de la conscience morale.

2.   Aucun homme ne peut se dérober aux questions fondamentales: *Que dois-je faire? Comment discerner le bien du mal?* La réponse n'est possible que grâce à la splendeur de la vérité qui éclaire les profondeurs de l'esprit humain, comme l'atteste le psalmiste: « Beaucoup disent: "Qui nous fera voir

le bonheur?" Fais lever sur nous, Seigneur, la lumière de ta face » (*Ps* 4, 7).

La lumière de la face de Dieu brille de tout son éclat sur le visage de Jésus Christ, « image du Dieu invisible » (*Col* 1, 15), « resplendissement de sa gloire » (*He* 1, 3), « plein de grâce et de vérité » (*Jn* 1, 14): il est « le chemin, la vérité et la vie » (*Jn* 14, 6). De ce fait, la réponse décisive à toute interrogation de l'homme, en particulier à ses interrogations religieuses et morales, est donnée par Jésus Christ; bien plus, c'est Jésus Christ lui-même, comme le rappelle le deuxième Concile du Vatican: « En réalité, *le mystère de l'homme ne s'éclaire vraiment que dans le mystère du Verbe incarné*. Adam, en effet, le premier homme, était la figure de Celui qui devait venir, le Christ Seigneur. Nouvel Adam, le Christ, dans la révélation même du mystère du Père et de son amour, manifeste pleinement l'homme à lui-même et lui découvre la sublimité de sa vocation ».[1]

Le Christ, « la lumière des nations », éclaire le visage de son Église, qu'il envoie dans le monde entier pour annoncer l'Évangile à toute créature (cf. *Mc* 16, 15).[2] Ainsi, peuple de Dieu au milieu des nations,[3] l'Église, attentive aux nouveaux défis de l'histoire et aux efforts que les hommes accomplissent dans la recherche du sens de la vie, propose à tous la réponse qui vient de la vérité de

---

[1] Const. past. sur l'Église dans le monde de ce temps *Gaudium et spes*, n. 22.
[2] Cf. CONC. ŒCUM. VAT. II, Const. dogm. sur l'Église *Lumen gentium*, n. 1.
[3] Cf. *ibid.*, n. 9.

Jésus Christ et de son Évangile. L'Église a toujours la vive conscience de son « devoir, à tout moment, de scruter les signes des temps, et de les interpréter à la lumière de l'Évangile, de telle sorte qu'elle puisse répondre, d'une manière adaptée à chaque génération, aux questions éternelles des hommes sur le sens de la vie présente et future et sur leurs relations réciproques ».[4]

3.   Les pasteurs de l'Église, en communion avec le Successeur de Pierre, sont proches des fidèles dans cet effort, les accompagnent et les guident par leur magistère, trouvant des expressions toujours nouvelles de l'amour et de la miséricorde pour se tourner non seulement vers les croyants, mais vers tous les hommes de bonne volonté. Le Concile Vatican II demeure un témoignage extraordinaire de cette attitude de l'Église qui, « experte en humanité »,[5] se met au service de tout homme et du monde entier.[6]

L'Église sait que la question morale rejoint en profondeur tout homme, implique tous les hommes, même ceux qui ne connaissent ni le Christ et son Évangile, ni même Dieu. Elle sait que précisé- ment *sur le chemin de la vie morale la voie du salut est ouverte à tous,* comme l'a clairement rappelé le Concile Vatican II: « Ceux qui, sans qu'il y ait de leur faute, ignorent l'Évangile

---

[4] Conc. Œcum. Vat. II, Const. past. *Gaudium et spes,* n. 4.
[5] Paul VI, Allocution à l'Assemblée générale des Nations Unies (4 octobre 1965) n. 1: *AAS* 57 (1965), p. 878; Cf. Encycl. *Populorum progressio* (26 mars 1967), n. 13: *AAS* 59 (1967), pp. 263-264.
[6] Cf. Conc. Œcum. Vat. II, Const. past. *Gaudium et spes,* n. 33.

du Christ et son Église, mais cherchent pourtant Dieu d'un cœur sincère, et s'efforcent, sous l'influence de sa grâce, d'agir de façon à accomplir sa volonté telle que leur conscience la leur révèle et la leur dicte, ceux-là peuvent arriver au salut éternel ». Et il ajoute: « À ceux-là mêmes qui, sans faute de leur part, ne sont pas encore parvenus à une connaissance expresse de Dieu, mais travaillent, non sans la grâce divine, à avoir une vie droite, la divine Providence ne refuse pas les secours nécessaires à leur salut. En effet, tout ce qui, chez eux, peut se trouver de bon et de vrai, l'Église le considère comme une préparation évangélique et comme un don de Celui qui illumine tout homme pour que, finalement, il ait la vie ».[7]

L'objet de la présente encyclique

4.   Depuis toujours, mais particulièrement au cours des deux derniers siècles, les Souverains Pontifes, personnellement ou avec le Collège épiscopal, ont développé et proposé un enseignement moral sur les *multiples aspects différents de la vie humaine*. Au nom du Christ et avec son autorité, ils ont exhorté, dénoncé et expliqué; fidèles à leur mission, dans les combats en faveur de l'homme, ils ont conforté, soutenu et consolé; avec la certitude de l'assistance de l'Esprit de vérité, ils ont contribué à une meilleure intelligence des exigences morales dans le domaine de la sexualité humaine, de la famille, de la vie sociale, économique et politique.

---

[7] Const. dogm. *Lumen gentium*, n. 16.

Dans la tradition de l'Église et dans l'histoire de l'humanité, leur enseignement constitue un approfondissement incessant de la connaissance morale.[8]

Aujourd'hui, cependant, il paraît *nécessaire de relire l'ensemble de l'enseignement moral de l'Église,* dans le but précis de rappeler quelques vérités fondamentales de la doctrine catholique, qui risquent d'être déformées ou rejetées dans le contexte actuel. En effet, *une nouvelle situation est apparue dans la communauté chrétienne elle-même,* qui a connu la diffusion de nombreux doutes et de nombreuses objections, d'ordre humain et psychologique, social et culturel, religieux et même proprement théologique, au sujet des enseignements moraux de l'Église. Il ne s'agit plus d'oppositions limitées et occasionnelles, mais d'une mise en discussion globale et systématique du patrimoine moral, fondée sur des conceptions anthropologiques et éthiques déterminées. Au point de départ de ces conceptions, on note l'influence plus ou moins masquée de courants de pensée qui en viennent à séparer la liberté humaine de sa relation nécessaire et constitutive à la vérité. Ainsi, on repousse la doctrine traditionnelle de la loi naturelle, de l'universalité et de la validité permanente de ses préceptes; certains enseignements moraux de l'Église sont simplement déclarés inacceptables; on estime que le Magistère

---

[8] Pie XII avait déjà mis en lumière ce développement doctrinal. Cf. *Radiomessage* pour le cinquantième anniversaire de l'encyclique *Rerum novarum* de Léon XIII (1er juin 1941): *AAS* 33 (1941), pp. 195-205. Voir aussi JEAN XXIII, Encycl. *Mater et magistra* (15 mai 1961): *AAS* 53 (1961), pp. 410-413.

lui-même ne peut intervenir en matière morale que pour « exhorter les consciences » et « pour proposer les valeurs » dont chacun s'inspirera ensuite, de manière autonome, dans ses décisions et dans ses choix de vie.

Il faut noter, en particulier, *la discordance entre la réponse traditionnelle de l'Église et certaines positions théologiques,* répandues même dans des séminaires et des facultés de théologie, *sur des questions de première importance* pour l'Église et pour la vie de foi des chrétiens, ainsi que pour la convivialité humaine. On s'interroge notamment: les commandements de Dieu, qui sont inscrits dans le cœur de l'homme et qui appartiennent à l'Alliance, ont-ils réellement la capacité d'éclairer les choix quotidiens de chaque personne et des sociétés entières? Est-il possible d'obéir à Dieu, et donc d'aimer Dieu et son prochain, sans respecter ces commandements dans toutes les situations? L'opinion qui met en doute le lien intrinsèque et indissoluble unissant entre elles la foi et la morale est répandue, elle aussi, comme si l'appartenance à l'Église et son unité interne devaient être décidées uniquement par rapport à la foi, tandis qu'il serait possible de tolérer en matière morale une pluralité d'opinions et de comportements, laissés au jugement de la conscience subjective individuelle ou dépendant de la diversité des contextes sociaux et culturels.

5.   Dans un tel contexte, toujours actuel, la décision a mûri en moi d'écrire — comme je l'annonçais déjà dans la Lettre apostolique *Spiritus Do-*

mini, publiée le 1ᵉʳ août 1987 à l'occasion du deuxième centenaire de la mort de saint Alphonse-Marie de Liguori — une encyclique destinée à traiter « plus profondément et plus amplement les questions concernant les fondements mêmes de la théologie morale »,[9] fondements qui sont attaqués par certains courants contemporains.

Je m'adresse à vous, vénérés Frères dans l'épiscopat qui partagez avec moi la responsabilité de garder « la saine doctrine » (*2 Tm* 4, 3), dans l'intention de *préciser certains aspects doctrinaux qui paraissent déterminants pour faire face à ce qui est sans aucun doute une véritable crise,* tant les difficultés entraînées sont graves pour la vie morale des fidèles, pour la communion dans l'Église et aussi pour une vie sociale juste et solidaire.

Si cette encyclique, attendue depuis longtemps, n'est publiée que maintenant, c'est notamment parce qu'il est apparu opportun de la faire précéder du *Catéchisme de l'Église catholique,* qui contient un exposé complet et systématique de la doctrine morale chrétienne. Le catéchisme présente la vie morale des croyants, dans ses fondements et dans les multiples aspects de son contenu, comme une vie de « fils de Dieu »: « En reconnaissant dans la foi leur dignité nouvelle, les chrétiens sont appelés à mener désormais une "vie digne de l'Évangile" (*Ph* 1, 27). Par les sacrements et la prière, ils reçoivent la grâce du Christ et les dons de son Esprit qui les en rendent capables ».[10]

---

[9] Lettre apost. *Spiritus Domini* (1ᵉʳ août 1987): *AAS* 79 (1987), p. 1374.
[10] *Catéchisme de l'Église catholique,* n. 1692.

En renvoyant donc au Catéchisme « comme texte de référence sûr et authentique pour l'enseignement de la doctrine catholique »,[11] l'encyclique se limitera à développer *quelques questions fondamentales de l'enseignement moral de l'Église,* en pratiquant un nécessaire discernement sur des problèmes controversés entre les spécialistes de l'éthique et de la théologie morale. C'est là l'objet précis de la présente encyclique, qui entend exposer, sur les problèmes en discussion, les raisons d'un enseignement moral enraciné dans l'Écriture Sainte et dans la Tradition apostolique vivante,[12] en mettant simultanément en lumière les présupposés et les conséquences des contestations dont cet enseignement a été l'objet.

[11] Const. ap. *Fidei depositum* (11 octobre 1992), n. 4.
[12] Cf. CONC. ŒCUM. VAT. II, Const. dogm. sur la Révélation divine *Dei Verbum,* n. 10.

CHAPITRE I

« MAÎTRE,
QUE DOIS-JE FAIRE DE BON? »
(*Mt* 19, 16)

LE CHRIST ET LA RÉPONSE
À LA QUESTION MORALE

« Un homme s'approcha... » (*Mt* 19, 16)

6. *Le dialogue de Jésus avec le jeune homme riche,* rapporté au chapitre 19 de l'Évangile de saint Matthieu, peut constituer une trame utile *pour réentendre,* de manière vivante et directe, *l'enseignement moral de Jésus:* « Et voici qu'un homme s'approcha et lui dit: "Maître, que dois-je faire de bon pour obtenir la vie éternelle?" Il lui dit: "Qu'as-tu à m'interroger sur ce qui est bon? Un seul est le Bon. Si tu veux entrer dans la vie, observe les commandements" — "Lesquels?" lui dit-il. Jésus reprit: "Tu ne tueras pas, tu ne commettras pas d'adultère, tu ne voleras pas, tu ne porteras pas de faux témoignage, honore ton père et ta mère, et tu aimeras ton prochain comme toi-même". "Tout cela, lui dit le jeune homme, je l'ai observé; que me manque-t-il encore?" Jésus lui déclara: "Si tu veux être parfait, va, vends ce que tu possèdes et donne-le aux pauvres, et tu

auras un trésor dans les cieux; puis viens, suis-moi" » (*Mt* 19, 16-21).[13]

7. « *Et voici qu'un homme...* ». Dans le jeune homme, que l'Évangile de Matthieu ne nomme pas, nous pouvons reconnaître *tout homme qui, consciemment ou non, s'approche du Christ, Rédempteur de l'homme, et qui lui pose la question morale.* Pour le jeune homme, avant d'être une question sur les règles à observer, c'est une *question de plénitude de sens pour sa vie.* C'est là, en effet, l'aspiration qui est à la source de toute décision et de toute action humaines, la recherche secrète et l'élan intime qui meuvent la liberté. En dernier lieu, cette question traduit une aspiration au Bien absolu qui nous attire et nous appelle à lui; elle est l'écho de la vocation qui vient de Dieu, origine et fin de la vie humaine. Dans cette même perspective, le Concile Vatican II a invité à approfondir la théologie morale de telle sorte que son exposition mette en valeur la très haute vocation que les fidèles ont reçue dans le Christ,[14] unique réponse qui comble pleinement le désir du cœur humain.

Pour que les hommes puissent vivre cette « rencontre » avec le Christ, Dieu a voulu son Église. En effet, « l'Église désire servir cet objectif unique: que tout homme puisse retrouver le Christ, afin

---

[13] Cf. Lettre apost. *Parati semper* à tous les jeunes du monde à l'occasion de l'Année internationale de la Jeunesse (31 mars 1985), nn. 2-8: *AAS* 77 (1985), pp. 581-600.
[14] Cf. Décret *Optatam totius*, n. 16.

que le Christ puisse parcourir la route de l'existence, en compagnie de chacun ».[15]

« Maître, que dois-je faire de bon pour obtenir la vie éternelle? » (Mt 19, 16)

8.   C'est du fond du cœur que le jeune homme riche adresse cette question à Jésus de Nazareth, *question essentielle et inéluctable pour la vie de tout homme:* elle concerne, en effet, le bien moral à pratiquer et la vie éternelle. L'interlocuteur de Jésus pressent qu'il existe un lien entre le bien moral et le plein accomplissement de sa destinée personnelle. C'est un israélite pieux qui a grandi, pour ainsi dire, à l'ombre de la Loi du Seigneur. S'il pose cette question à Jésus, nous pouvons imaginer qu'il ne le fait pas par ignorance de la réponse inscrite dans la Loi. Il est plus probable que l'attrait de la personne de Jésus fait naître en lui de nouvelles interrogations sur le bien moral. Le jeune homme ressentait l'exigence d'approcher Celui qui avait commencé sa prédication par cette nouvelle et décisive annonce: « Le temps est accompli et le Royaume de Dieu est tout proche: repentez-vous et croyez à l'Évangile » (Mc 1, 15).

    Il convient que l'homme d'aujourd'hui se tourne de nouveau vers le Christ pour recevoir de lui la réponse sur ce qui est bien et sur ce qui est mal. Le Christ est le Maître, le Ressuscité qui a en lui la vie et qui est toujours présent dans son Église et dans le monde. Il ouvre aux fidèles le livre des

[15] Encycl. *Redemptor hominis* (4 mars 1979), n. 13: *AAS* 71 (1979), p. 282.

Écritures et, en révélant pleinement la volonté du Père, il enseigne la vérité sur l'agir moral. À la source et au sommet de l'économie du salut, le Christ, Alpha et Oméga de l'histoire humaine (cf. *Ap* 1, 8; 21, 6; 22, 13), révèle la condition de l'homme et sa vocation intégrale. C'est pourquoi « l'homme qui veut se comprendre lui-même jusqu'au fond ne doit pas se contenter pour son être propre de critères et de mesures qui seraient immédiats, partiaux, souvent superficiels et même seulement apparents; mais il doit, avec ses inquiétudes, ses incertitudes et même avec sa faiblesse et son péché, avec sa vie et sa mort, s'approcher du Christ. Il doit, pour ainsi dire, entrer dans le Christ avec tout son être, il doit "s'approprier" et assimiler toute la réalité de l'Incarnation et de la Rédemption pour se retrouver lui-même. S'il laisse ce processus se réaliser profondément en lui, il produit alors des fruits non seulement d'adoration envers Dieu, mais aussi de profond émerveillement pour lui-même ».[16]

Si nous voulons pénétrer au cœur de la morale évangélique et en recueillir le contenu profond et immuable, nous devons donc rechercher soigneusement le sens de l'interrogation du jeune homme riche de l'Évangile et, plus encore, le sens de la réponse de Jésus, en nous laissant guider par Lui. Jésus, en effet, avec une délicate attention pédagogique, répond en conduisant le jeune homme presque par la main, pas à pas, vers la vérité tout entière.

[16] *Ibid.*, n. 10: *l.c.*, p. 274.

9.   Jésus dit: « Qu'as-tu à m'interroger sur ce qui est bon? Un seul est le Bon. Si tu veux entrer dans la vie, observe les commandements » (*Mt* 19, 17). Dans la version des évangélistes Marc et Luc, la question est ainsi formulée: « Pourquoi m'appelles-tu bon? Nul n'est bon que Dieu seul » (*Mc* 10, 18; cf. *Lc* 18, 19).

Avant de répondre à la question, Jésus veut que le jeune homme clarifie pour lui-même le motif de sa démarche. Le « bon Maître » montre à son interlocuteur — et à nous tous — que la réponse à l'interrogation « que dois-je faire de bon pour obtenir la vie éternelle? » ne peut être trouvée qu'en orientant son esprit et son cœur vers Celui qui « seul est le Bon »: « Nul n'est bon que Dieu seul » (*Mc* 10, 18; cf. *Lc* 18, 19). *Dieu seul peut répondre à la question sur le bien, parce qu'il est le Bien.*

En effet, *s'interroger sur le bien signifie en dernier ressort se tourner vers Dieu,* plénitude de la bonté. Jésus manifeste que la demande du jeune homme est en réalité une *demande religieuse,* et que la bonté, qui attire et en même temps engage l'homme, a sa source en Dieu, bien plus, qu'elle est Dieu lui-même, qui seul mérite d'être aimé « de tout [son] cœur, de toute [son] âme et de tout [son] esprit » (*Mt* 22, 37), Dieu qui est la source du bonheur de l'homme. Jésus rapproche la question de l'action moralement bonne de ses racines religieuses et de la reconnaissance de Dieu,

16

unique bonté, plénitude de la vie, fin ultime de l'agir humain, béatitude parfaite.

10.   Instruite par les paroles du Maître, l'Église croit que l'homme, fait à l'image du Créateur, racheté par le sang du Christ et sanctifié par la présence du Saint-Esprit, a comme *fin ultime* de son existence *d'être « à la louange de la gloire »* de Dieu (cf. *Ep* 1, 12), en faisant en sorte que chacune de ses actions soit le reflet de sa splendeur. « Donc, connais-toi toi-même, ô belle âme: tu es *l'image de Dieu,* écrit saint Ambroise. Connais-toi toi-même, ô homme: tu es *la gloire de Dieu (1 Co* 11, 7). Écoute de quelle manière tu en es la gloire. Le prophète dit: *ta sagesse est devenue admirable, car elle provient de moi (Ps* 138, 6), c'est-à-dire que, dans mes œuvres, ta majesté est la plus admirable, ta sagesse est exaltée dans le cœur de l'homme. Alors que je me regarde moi-même, que tu scrutes mes pensées secrètes et mes sentiments profonds, je reconnais les mystères de ta science. Donc, connais-toi toi-même, ô homme, et tu découvriras combien tu es grand, et veille sur toi... ».[17]

Ce qu'est l'homme et ce qu'il doit faire se découvrent au moment où Dieu se révèle lui-même. En effet, le Décalogue s'appuie sur ces paroles: « Je suis le Seigneur, ton Dieu, qui t'ai fait sortir du pays d'Égypte, de la maison de servitude. Tu n'auras pas d'autres dieux devant moi » (*Ex* 20, 2-3). Dans les « dix paroles » de l'Alliance avec

---

[17] *Hexameron,* VI⁰ jour, sermon IX, 8, 50: CSEL 32, 241.

Israël, et dans toute la Loi, Dieu se fait connaître et reconnaître comme Celui qui « seul est le Bon »; comme Celui qui, malgré le péché de l'homme, continue à rester le « modèle » de l'agir moral, selon l'appel qu'il adresse: « Soyez saints, car moi, le Seigneur votre Dieu, je suis saint » (*Lv* 19, 2); comme Celui qui, fidèle à son amour pour l'homme, lui donne sa Loi (cf. *Ex* 19, 9-24; 20, 18-21) pour rétablir l'harmonie originelle avec le Créateur et avec la création, et plus encore pour l'introduire dans son amour: « Je vivrai au milieu de vous, je serai votre Dieu et vous serez mon peuple » (*Lv* 26, 12).

La vie morale se présente comme la réponse due aux initiatives gratuites que l'amour de Dieu multiplie dans ses relations avec l'homme. Elle est une *réponse d'amour,* selon l'énoncé qu'en donne le commandement fondamental du *Deutéronome:* « Écoute, Israël: le Seigneur notre Dieu est le seul Seigneur. Tu aimeras le Seigneur ton Dieu de tout ton cœur, de toute ton âme et de tout ton pouvoir. Que ces paroles que je te dicte aujourd'hui restent dans ton cœur! Tu les répéteras à tes fils » (*Dt* 6, 4-7). Ainsi la vie morale, associée dans la gratuité à l'amour de Dieu, est appelée à refléter la gloire: « Pour qui aime Dieu, il suffit de plaire à Celui qu'il aime: parce qu'on ne doit pas en attendre une plus grande récompense que cet amour; en effet, la charité vient de Dieu, car Dieu lui-même est la charité ».[18]

[18] S. LÉON LE GRAND, *Sermon XCII,* ch. 3: PL 54, 454.

11.   L'affirmation « un seul est le Bon » nous renvoie ainsi à la « première table » des commandements, qui appelle à reconnaître Dieu comme l'unique Seigneur et l'absolu, et à ne rendre de culte qu'à lui seul, en raison de son infinie sainteté (cf. *Ex* 20, 2-11). *Le bien, c'est appartenir à Dieu, lui obéir,* marcher humblement avec lui en pratiquant la justice et en aimant la miséricorde (cf. *Mi* 6, 8). *Reconnaître le Seigneur comme Dieu est le noyau fondamental, le cœur de la Loi,* d'où découlent et auquel sont ordonnés les préceptes particuliers. Par la pratique de la morale des commandements se manifeste l'appartenance du peuple d'Israël au Seigneur, parce que Dieu seul est Celui qui est bon. Tel est le témoignage de la Sainte Écriture, pénétrée à chaque page du sens aigu de l'absolue sainteté de Dieu: « Saint, saint, saint est le Seigneur de l'univers » (*Is* 6, 3).

Mais si Dieu seul est le Bien, aucun effort humain, pas même l'observance la plus rigoureuse des commandements, ne réussit à « accomplir » la Loi, c'est-à-dire à reconnaître le Seigneur comme Dieu et à lui rendre l'adoration qui n'est due qu'à lui (cf. *Mt* 4, 10). « *L'accomplissement* » *ne peut venir que d'un don de Dieu:* il est l'offrande d'une participation à la bonté divine qui se révèle et qui se communique en Jésus, celui que le jeune homme riche appelle « bon Maître » (*Mc* 10, 17; *Lc* 18, 18). Ce que, pour l'instant, le jeune homme ne réussit peut-être qu'à pressentir, sera pleinement révélé à la fin par Jésus lui-même dans son invitation: « Viens et suis-moi » (*Mt* 19, 21).

« Si tu veux entrer dans la vie, observe les comman-dements » (*Mt* 19, 17)

12.   Seul Dieu peut répondre à la question du bien, parce qu'il est le Bien. Mais Dieu a déjà répondu à cette question: il l'a fait *en créant l'homme et en l'ordonnant* avec sagesse et avec amour à sa fin, par le moyen de la loi inscrite dans son cœur (cf. *Rm* 2, 15), la « loi naturelle ». Elle « n'est rien d'autre que la lumière de l'intelligence, infusée en nous par Dieu. Grâce à elle, nous connaissons ce que nous devons accomplir et ce que nous devons éviter. Cette lumière et cette loi, Dieu les a données dans la création ».[19] Il les a données ensuite *au cours de l'histoire d'Israël,* en particulier par les « dix paroles », c'est-à-dire *les commandements du Sinaï,* par lesquels Il a fondé l'existence du peuple de l'Alliance (cf. *Ex* 24) et l'a appelé à être son « bien propre parmi tous les peuples », « une nation sainte » (*Ex* 19, 5-6) qui fasse resplendir sa sainteté parmi toutes les nations (cf. *Sg* 18, 4; *Ez* 20, 41). Le don du Décalogue est promesse et signe de *l'Alliance nouvelle,* lorsque la Loi sera nouvellement inscrite à jamais dans le cœur de l'homme (cf. *Jr* 31, 31-34) en remplaçant la loi du péché qui avait dénaturé ce cœur

---

[19] S. Thomas d'Aquin, *In duo præcepta caritatis et in decem legis præcepta. Prologus: Opuscula theologica,* II, n. 1129, Turin, Marietti (1954), p. 245; cf. *Somme théologique,* I-II, q. 91, a. 2; *Catéchisme de l'Église catholique,* n. 1955.

(cf. *Jr* 17, 1). Alors sera donné « un cœur nouveau », car « un esprit nouveau » l'habitera, l'Esprit de Dieu (cf. *Ez* 36, 24-28).[20]

C'est pourquoi, après l'importante précision « un seul est le Bon », Jésus répond au jeune homme: « Si tu veux entrer dans la vie, observe les commandements » (*Mt* 19, 17). De cette manière est énoncé *un lien étroit entre la vie éternelle et l'obéissance aux commandements de Dieu:* ce sont les commandements de Dieu qui indiquent à l'homme le chemin de la vie et qui conduisent vers elle. Par la bouche même de Jésus, nouveau Moïse, les commandements du Décalogue sont redonnés aux hommes; lui-même les confirme définitivement et nous les propose comme chemin et condition du salut. *Le commandement est lié à une promesse:* dans l'Ancienne Alliance, l'objet de la promesse était la possession d'une terre où le peuple aurait pu mener son existence dans la liberté et selon la justice (cf. *Dt* 6, 20-25); dans la Nouvelle Alliance, l'objet de la promesse est le « Royaume des cieux », comme Jésus l'affirme au début du « Discours sur la Montagne » — discours qui contient la formulation la plus large et la plus complète de la Loi nouvelle (cf. *Mt* 5-7) —, en relation évidente avec le Décalogue confié par Dieu à Moïse sur la montagne du Sinaï. A la même réalité du Règne de Dieu se rapporte l'expression « vie éternelle », qui est participation à la vie même de Dieu: celle-ci ne se réalise parfaite-

[20] Cf. S. MAXIME LE CONFESSEUR, *Quæstiones ad Thalassium,* q. 64: *PG* 90, 723-728.

ment qu'après la mort, mais, dans la foi, elle est dès à présent lumière de vérité, source de sens pour la vie et commencement de participation à la plénitude dans la suite du Christ. En effet, après la rencontre avec le jeune homme riche, Jésus dit à ses disciples: « Quiconque aura laissé maisons, frères, sœurs, père, mère, enfants ou champs, à cause de mon nom, recevra bien davantage et aura en héritage la vie éternelle » (*Mt* 19, 29).

13.   La réponse de Jésus ne suffit pas au jeune homme qui insiste en interrogeant le Maître sur les commandements à observer: « "Lesquels?" lui dit-il » (*Mt* 19, 18). Il demande ce qu'il doit faire dans la vie pour manifester qu'il reconnaît la sainteté de Dieu. Après avoir orienté le regard du jeune homme vers Dieu, Jésus lui rappelle les commandements du Décalogue qui ont trait au prochain: « Jésus reprit: "Tu ne tueras pas, tu ne commettras pas d'adultère, tu ne voleras pas, tu ne porteras pas de faux témoignage, honore ton père et ta mère, et tu aimeras ton prochain comme toi-même" » (*Mt* 19, 18-19).

Du contexte de l'échange, et spécialement de la confrontation du texte de Matthieu avec les passages parallèles de Marc et de Luc, il ressort que Jésus n'entend pas dresser la liste de tous les commandements nécessaires pour « entrer dans la vie », mais plutôt qu'il entend renvoyer le jeune homme à ce qui est le « *point central* » *du Décalogue* par rapport à tout autre précepte, à savoir ce que signifie pour l'homme: « Je suis le Seigneur, ton Dieu ». Nous ne pouvons donc pas ne pas prêter attention aux commandements de la Loi que le Seigneur Jésus rappelle au jeune homme; ce sont des commandements qui font partie de ce qu'on appelle la « seconde table » du Décalogue, dont le résumé (cf. *Rm* 13, 8-10) et le fondement sont *le commandement de l'amour du prochain*: « Tu aimeras ton prochain comme toi-même » (*Mt* 19, 19; cf. *Mc* 12, 31). Dans ce commandement s'exprime précisément *la dignité particulière de la personne humaine,* qui est la « seule créature sur terre que Dieu a voulue pour elle-même ».[21] Les différents commandements du Décalogue ne sont en effet que la répercussion de l'unique commandement du bien de la personne, au niveau des nombreux biens qui caractérisent son identité d'être spirituel et corporel en relation avec Dieu, avec le prochain et avec le monde matériel. Comme nous lisons dans le *Catéchisme de l'Église catholique,* « les dix commandements appartiennent à la révélation de Dieu. Ils nous enseignent en même temps la véritable humanité de l'homme. Ils mettent en lumière les devoirs essentiels et donc, indirectement, les droits fondamentaux, inhérents à la nature de la personne humaine ».[22]

Les commandements rappelés par Jésus à son jeune interlocuteur sont destinés à sauvegarder *le bien* de la personne, image de Dieu, par la protection de *ses biens.* « Tu ne tueras pas, tu ne commettras pas d'adultère, tu ne voleras pas, tu ne

---

[21] CONC. ŒCUM. VAT. II, Const. past. *Gaudium et spes,* n. 24.
[22] *Catéchisme de l'Église catholique,* n. 2070.

porteras pas de faux témoignage », sont des normes morales formulées en termes d'interdits. Les préceptes négatifs expriment fortement la nécessité imprescriptible de protéger la vie humaine, la communion des personnes dans le mariage, la propriété privée, la véracité et la bonne réputation.

Les commandements représentent donc la condition de base de l'amour du prochain; en même temps, ils en sont la vérification. Ils sont *la première étape nécessaire sur le chemin vers la liberté,* son commencement: « La première liberté, écrit saint Augustin, c'est donc de ne pas commettre de péchés graves... comme l'homicide, l'adultère, les souillures de la fornication, le vol, la tromperie, le sacrilège et toutes les autres fautes de ce genre. Quand un homme s'est mis à renoncer à les commettre — et c'est le devoir de tout chrétien de ne pas les commettre —, il commence à relever la tête vers la liberté, mais ce n'est qu'un commencement de liberté, ce n'est pas la liberté parfaite... ».[23]

14. Cependant ceci ne signifie pas que Jésus entend privilégier l'amour du prochain ou encore moins le séparer de l'amour de Dieu; en témoigne son dialogue avec le docteur de la Loi: ce dernier, qui pose une question très voisine de celle du jeune homme, se voit renvoyé par Jésus aux *deux commandements de l'amour de Dieu et de l'amour du prochain* (cf. *Lc* 10, 25-27) et il est invité à se souvenir que seule leur observance conduit à la vie

---

[23] *In Iohannis Evangelium Tractatus,* 41, 10: CCL 36, 363.

éternelle: « Fais cela et tu vivras » (*Lc* 10, 28). Il est donc significatif que ce soit précisément le second de ces commandements qui suscite la curiosité et l'interrogation du docteur de la Loi: « Et qui est mon prochain? » (*Lc* 10, 29). Le Maître répond par la parabole du bon Samaritain, parabole-clé pour la pleine compréhension du commandement de l'amour du prochain (cf. *Lc* 10, 30-37).

Les deux commandements, auxquels « se rattache toute la Loi, ainsi que les Prophètes » (*Mt* 22, 40), sont profondément unis entre eux et s'interpénètrent. Jésus rend témoignage de *leur indivisible unité* par ses paroles et par sa vie: sa mission culmine à la Croix rédemptrice (cf. *Jn* 3, 14-15), signe de son amour inséparable envers le Père et envers l'humanité (cf. *Jn* 13, 1).

L'Ancien et le Nouveau Testament affirment explicitement que, *sans l'amour du prochain* qui se concrétise dans l'observance des commandements, *l'amour authentique pour Dieu n'est pas possible.* Saint Jean l'écrit avec une force extraordinaire: « Si quelqu'un dit "J'aime Dieu" et qu'il déteste son frère, c'est un menteur: celui qui n'aime pas son frère qu'il voit ne saurait aimer le Dieu qu'il ne voit pas » (*1 Jn* 4, 20). L'évangéliste fait écho à la prédication morale du Christ, exprimée de manière admirable et sans équivoque dans la parabole du bon Samaritain (cf. *Lc* 10, 30-37) et dans le « discours » du jugement dernier (cf. *Mt* 25, 31-46).

15.   Dans le « Discours sur la Montagne », qui constitue la *magna carta* de la morale évangélique,[24] Jésus dit: « N'allez pas croire que je sois venu abolir la Loi et les Prophètes: je ne suis pas venu abolir, mais accomplir » (*Mt* 5, 17). Le Christ est la clé des Écritures: « Vous scrutez les Écritures, [...] ce sont elles qui me rendent témoignage » (*Jn* 5, 39); il est le centre de l'économie du salut, la récapitulation de l'Ancien et du Nouveau Testament, des promesses de la Loi et de leur accomplissement dans l'Évangile; il est le lien vivant et éternel entre l'Ancienne et la Nouvelle Alliance. Commentant l'affirmation de Paul « la fin de la loi, c'est le Christ » (*Rm* 10, 4), saint Ambroise écrit: « Fin, non en tant qu'absence, mais en tant que plénitude de la Loi: elle s'accomplit dans le Christ (*plenitudo legis in Christo est*), du fait qu'il est venu non pour supprimer la Loi, mais pour la porter à son accomplissement. De la même manière qu'il y a un Ancien Testament, et que toute vérité cependant se trouve dans le Nouveau Testament, ainsi en est-il de la Loi: celle qui a été donnée par l'intermédiaire de Moïse est la figure de la vraie Loi. Donc, la Loi mosaïque est le prototype de la vérité ».[25]

Jésus porte à leur accomplissement les commandements de Dieu, en particulier le commandement de l'amour du prochain, *en intériorisant et en radicalisant ses exigences;* l'amour du prochain jaillit d'*un*

[24] Cf. S. AUGUSTIN, *De Sermone Domini in Monte,* I, 1, 1: *CCL* 35, 1-2.
[25] *In Psalmum CXVIII Expositio,* serm. 18, 37: *PL* 15, 1541; cf. S. CHROMACE D'AQUILÉE, *Tractatus in Matthæum,* XX, I, 1-4: *CCL* 9/A, 291-292.

26

cœur qui aime, et qui, précisément parce qu'il aime, est disposé à en vivre *les exigences les plus hautes.* Jésus montre que les commandements ne doivent pas être entendus comme une limite minimale à ne pas dépasser, mais plutôt comme une route ouverte pour un cheminement moral et spirituel vers la perfection, dont le centre est l'amour (cf. *Col* 3, 14). Ainsi, le commandement « tu ne tueras pas » devient l'appel à un amour prompt à soutenir et à promouvoir la vie du prochain; le précepte qui interdit l'adultère devient une invitation à un regard pur, capable de respecter le sens sponsal du corps: « Vous avez entendu qu'il a été dit aux ancêtres: *"Tu ne tueras point"*; et si quelqu'un tue, il en répondra au tribunal. *Eh bien! moi je vous dis*: Quiconque se fâche contre son frère en répondra au tribunal; [...] Vous avez entendu qu'il a été dit: *"Tu ne commettras pas l'adultère"*. *Eh bien! moi je vous dis*: Quiconque regarde une femme pour la désirer a déjà commis, dans son cœur, l'adultère avec elle » (*Mt* 5, 21-22. 27-28). *Jésus est « l'accomplissement » vivant de la Loi* en tant qu'il en réalise la signification authentique par le don total de lui-même: *il devient lui-même la Loi vivante personnifiée,* qui invite à sa suite, qui, par son Esprit, donne la grâce de partager sa vie et son amour même, et qui donne la force nécessaire pour en témoigner par les choix et par les actes (cf. *Jn* 13, 34-35).

« *Si tu veux être parfait* » (*Mt* 19, 21)

16.   La réponse rappelant les commandements ne satisfait pas le jeune homme qui interroge

Jésus: « Tout cela, je l'ai observé; *que me manque-t-il encore?* » (*Mt* 19, 20). Il n'est pas facile de dire avec bonne conscience « tout cela, je l'ai observé », si l'on comprend à peine la portée effective des exigences contenues dans la Loi de Dieu. Cependant, s'il lui est possible de donner une réponse semblable, s'il a aussi suivi l'idéal moral avec sérieux et avec générosité depuis son enfance, le jeune homme riche sait qu'il est encore loin du but; face à la personne de Jésus, il saisit que quelque chose lui manque encore. C'est en fonction de cette prise de conscience d'insuffisance que Jésus s'adresse à lui dans sa dernière réponse: en saisissant *la nostalgie d'une plénitude qui dépasse l'interprétation légaliste des commandements,* le bon Maître invite le jeune homme à entrer dans le chemin de la perfection: « Si tu veux être parfait, va, vends ce que tu possèdes et donne-le aux pauvres, et tu auras un trésor dans les cieux; puis viens, suis-moi » (*Mt* 19, 21).

Comme on l'a fait pour la partie précédente de la réponse de Jésus, celle-ci doit être lue et interprétée dans le cadre de tout le message moral de l'Évangile et, spécialement, dans le cadre du Discours sur la Montagne, des Béatitudes (cf. *Mt* 5, 3-12), dont la première est précisément la béatitude des pauvres, des « pauvres en esprit », comme le précise saint Matthieu (*Mt* 5, 3), ou encore des humbles. Dans ce sens, on peut dire que les Béatitudes font aussi partie de l'espace ouvert par la réponse que Jésus donne à la question du jeune homme: « Que dois-je faire de bon pour obtenir la vie éternelle? ». En effet, chaque béatitude promet précisément, selon une perspective particulière, ce « bien » qui ouvre l'homme à la vie éternelle, et plus encore qui est la vie éternelle elle-même.

Les Béatitudes n'ont pas comme objet propre des normes particulières de comportement, mais elles évoquent des attitudes et des dispositions fondamentales de l'existence, et, donc, *ne coïncident pas exactement avec les commandements.* D'autre part, *il n'y a pas de séparation ou d'opposition* entre les béatitudes et les commandements: les uns et les autres se réfèrent au bien et à la vie éternelle. Le Discours sur la Montagne commence par la proclamation des Béatitudes, mais renferme aussi la référence aux commandements (cf. *Mt* 5, 20-48). En même temps, ce Discours montre l'ouverture et l'orientation des commandements vers la perfection qui est celle des Béatitudes. Celles-ci sont, avant tout, *des promesses,* dont découlent aussi, de manière indirecte, des *indications normatives* pour la vie morale. Dans leur profondeur originelle, elles sont une sorte *d'autoportrait du Christ* et, précisément pour cela, elles sont *des invitations à le suivre et à vivre en communion avec lui.*[26]

17.   Nous ne savons pas dans quelle mesure le jeune homme de l'Évangile avait compris le contenu profond et exigeant de la première réponse donnée par Jésus: « Si tu veux entrer dans la vie, observe les commandements »; cependant, il est certain que l'engagement manifesté par

---

[26] Cf. *Catéchisme de l'Église catholique,* n. 1717.

le jeune homme à respecter toutes les exigences morales des commandements constitue le terrain indispensable dans lequel peut germer et mûrir le désir de la perfection, c'est-à-dire de réaliser ce qu'ils signifient et de l'accomplir en suivant le Christ. Le dialogue entre Jésus et le jeune homme nous aide à saisir *les conditions de la croissance morale de l'homme appelé à la perfection:* le jeune homme, qui a observé tous les commandements, se montre incapable de faire par ses seules forces le pas suivant. Pour le faire, il faut une liberté humaine mûre: « Si tu veux », et le don divin de la grâce: « Viens, suis-moi ».

La perfection exige la maturité dans le don de soi, à quoi est appelée la liberté de l'homme. Jésus indique au jeune homme les commandements comme condition première et imprescriptible pour avoir la vie éternelle; l'abandon de tout ce que possède le jeune homme et la suite du Seigneur prennent en revanche le caractère d'une proposition: « Si tu veux... ». La parole de Jésus révèle la dynamique particulière de la croissance de la liberté vers sa maturité et, en même temps, *manifeste le rapport fondamental de la liberté avec la Loi divine.* La liberté de l'homme et la Loi de Dieu ne s'opposent pas, mais, au contraire, s'appellent mutuellement.

Le disciple du Christ sait que sa vocation est une vocation à la liberté. « Vous, en effet, mes frères, vous avez été appelés à la liberté » proclame avec joie et avec fierté l'Apôtre Paul. Cependant, il précise aussitôt: « Que cette liberté ne donne pas prétexte à satisfaire la chair; mais par la

charité mettez-vous au service les uns des autres »
(*Ga* 5, 13). La fermeté avec laquelle l'Apôtre s'oppose à celui qui croit en sa propre justification par
la Loi n'a rien à voir avec la « libération » de
l'homme par les préceptes, qui sont, à l'inverse, au
service de la pratique de l'amour: « Celui qui aime
autrui a de ce fait accompli la loi. En effet, le
précepte: *Tu ne commettras pas d'adultère, tu ne
tueras pas, tu ne voleras pas, tu ne convoiteras pas,* et
tous les autres se résument dans cette formule: *Tu
aimeras ton prochain comme toi-même* » (*Rm* 13,
8-9). Après avoir parlé de l'observance des
commandements comme de la première liberté
imparfaite, saint Augustin poursuit ainsi: « Pourquoi, demande quelqu'un, n'est-ce pas la liberté
parfaite? Parce que je vois dans mes membres une
autre loi qui s'élève contre la loi de mon esprit
[...]. C'est une liberté partielle et un esclavage
partiel; ce n'est pas encore la liberté totale, la pure
liberté, la pleine liberté parce que ce n'est pas encore l'éternité. La faiblesse pèse en effet sur nous
en partie et nous avons reçu une part de liberté.
Tout ce que nous avons commis de péché aupara-
vant a été effacé par le baptême. Parce que l'ini-
quité a été entièrement effacée, est-ce qu'il n'est
resté aucune faiblesse? S'il n'en était pas resté,
nous serions sans péché dans cette vie. Mais qui
oserait le prétendre si ce n'est l'orgueilleux, si ce
n'est celui qui est indigne de la miséricorde du
Libérateur? [...] Du fait, par conséquent, qu'il
nous est resté une certaine faiblesse, j'ose dire
que, dans la mesure où nous servons Dieu, nous
sommes libres et que, dans la mesure où nous

servons la loi du péché, nous sommes encore esclaves ».[27]

18.   Celui qui vit « selon la chair » ressent la Loi de Dieu comme un poids, et même comme une négation ou, en tout cas, comme une restriction de sa propre liberté. Inversement, celui qui est animé par l'amour, qui se laisse « mener par l'Esprit » (*Ga* 5, 16) et désire servir les autres trouve dans la Loi de Dieu la voie fondamentale et nécessaire pour pratiquer l'amour librement choisi et vécu. Bien plus, il saisit l'urgence intérieure — une vraie « nécessité », et non pas une contrainte — de ne pas s'en tenir aux exigences minimales de la Loi, mais de les vivre dans leur « plénitude ». C'est un chemin encore incertain et fragile tant que nous sommes sur la terre, mais rendu possible par la grâce qui nous donne de posséder la pleine liberté des fils de Dieu (cf. *Rm* 8, 21) et donc de répondre par la vie morale à notre sublime vocation: être « fils dans le Fils ».

Cette vocation à l'amour parfait n'est pas réservée à un groupe de personnes. L'invitation « va, vends ce que tu possèdes et donne-le aux pauvres », avec la promesse « tu auras un trésor dans les cieux », *s'adresse à tous,* parce qu'il s'agit d'une radicalisation du commandement de l'amour du prochain, comme l'invitation « viens, suis-moi » est la nouvelle forme concrète du commandement de l'amour de Dieu. Les

---

[27] *In Iohannis Evangelium Tractatus,* 41, 10: CCL 36, 363.

commandements et l'invitation de Jésus au jeune homme riche sont au service d'une unique et indivisible charité qui tend spontanément à la perfection dont Dieu seul est la mesure: « Vous donc, vous serez parfaits comme votre Père céleste est parfait » (*Mt* 5, 48). Dans l'Évangile de Luc, Jésus explicite la portée de cette perfection: « Montrez-vous miséricordieux comme votre Père est miséricordieux » (*Lc* 6, 36).

« Viens, suis-moi » (Mt 19, 21)

19.   La voie et, en même temps, le contenu de cette perfection consistent dans la *suite du Christ*, dans le fait de suivre Jésus après avoir renoncé à ses biens particuliers et à soi-même. C'est précisément la conclusion du dialogue entre Jésus et le jeune homme: « Puis viens, suis-moi » (*Mt* 19, 21). La merveilleuse profondeur de cette invitation sera pleinement perçue par les disciples après la résurrection du Christ, quand l'Esprit Saint les introduira dans la vérité tout entière (cf. *Jn* 16, 13).

Jésus lui-même prend l'initiative et invite à le suivre. L'appel est adressé avant tout à ceux auxquels il confie une mission particulière, à commencer par les Douze; mais il apparaît aussi clairement qu'être disciple du Christ est la condition de tout croyant (cf. *Ac* 6, 1). De ce fait, *suivre le Christ est le fondement essentiel et original de la morale chrétienne:* comme le peuple d'Israël suivait Dieu qui le conduisait dans le désert vers la Terre promise (cf. *Ex* 13, 21), de même le disciple doit

suivre Jésus vers lequel le Père lui-même l'attire
(cf. *Jn* 6, 44).

Il ne s'agit pas seulement ici de se mettre à
l'écoute d'un enseignement et d'accueillir dans
l'obéissance un commandement; plus radicalement, il s'agit *d'adhérer à la personne même de
Jésus,* de partager sa vie et sa destinée, de participer à son obéissance libre et amoureuse à la volonté du Père. En suivant, par la réponse de la foi,
celui qui est la Sagesse faite chair, le disciple de
Jésus devient vraiment *disciple de Dieu* (cf. *Jn* 6,
45). En effet, Jésus est la lumière du monde, la lumière de la vie (cf. *Jn* 8, 12); il est le pasteur qui
guide et nourrit les brebis (cf. *Jn* 10, 11-16); il est
le chemin, la vérité et la vie (cf. *Jn* 14, 6); il est
celui qui conduit au Père, de telle sorte que le
voir, lui le Fils, c'est voir le Père (cf. *Jn* 14, 6-10).
Par conséquent, imiter le Fils, « l'image du Dieu
invisible » (*Col* 1, 15), signifie imiter le Père.

20.   *Jésus demande de le suivre et de l'imiter sur le
chemin de l'amour, d'un amour qui se donne totalement aux frères par amour pour Dieu:* « Voici quel
est mon commandement: vous aimer les uns les
autres *comme* je vous ai aimés » (*Jn* 15, 12). Ce
« comme » exige *l'imitation* de Jésus, de son
amour, dont le lavement des pieds est le signe:
« Si donc je vous ai lavé les pieds, moi le Seigneur
et le Maître, vous aussi vous devez vous laver les
pieds les uns aux autres. Car c'est un exemple que
je vous ai donné, pour que vous fassiez, vous
aussi, *comme* moi j'ai fait pour vous » (*Jn* 13,
14-15). L'agir de Jésus et sa parole, ses actions et

ses préceptes constituent la règle morale de la vie chrétienne. En effet, ses actions et, de manière particulière, sa Passion et sa mort en Croix sont la révélation vivante de son amour pour le Père et pour les hommes. Cet amour, Jésus demande qu'il soit imité par ceux qui le suivent. C'est *le commandement « nouveau »:* « Je vous donne un commandement nouveau: vous aimer les uns les autres; *comme* je vous ai aimés, aimez-vous les uns les autres. A ceci, tous reconnaîtront que vous êtes mes disciples: si vous avez de l'amour les uns pour les autres » (*Jn* 13, 34-35).

Ce « comme » indique aussi la *mesure* avec laquelle Jésus a aimé et avec laquelle ses disciples doivent s'aimer entre eux. Après avoir dit: « Voici quel est mon commandement: vous aimer les uns les autres *comme* je vous ai aimés » (*Jn* 15, 12), Jésus poursuit en révélant le don sacrificiel de sa vie sur la Croix, témoignage d'un amour « jusqu'à la fin » (*Jn* 13, 1): « Nul n'a plus grand amour que celui-ci: donner sa vie pour ses amis » (*Jn* 15, 13).

En appelant le jeune homme à le suivre sur le chemin de la perfection, Jésus lui demande de vivre parfaitement le commandement de l'amour, « son » commandement: entrer dans le mouvement de son don total, imiter et revivre l'amour même du « bon » Maître, de celui qui a aimé « jusqu'à la fin ». C'est ce que Jésus demande à tout homme qui veut se mettre à sa suite: « Si quelqu'un veut venir à ma suite, qu'il se renie lui-même, qu'il se charge de sa croix, et qu'il me suive » (*Mt* 16, 24).

35

21.   *Suivre le Christ* ne peut pas être une imitation extérieure, parce que cela concerne l'homme dans son intériorité profonde. Etre disciple de Jésus veut dire *être rendu conforme à Celui* qui s'est fait serviteur jusqu'au don de lui-même sur la Croix (cf. *Ph* 2, 5- 8). Par la foi, le Christ habite dans le cœur du croyant (cf. *Ep* 3, 17), et ainsi le disciple est assimilé à son Seigneur et lui est configuré. C'est le fruit de la grâce, de la présence agissante de l'Esprit Saint en nous.

Incorporé au Christ, le chrétien devient *membre de son Corps qui est l'Église* (cf. *1 Co* 12, 13.27). Sous l'impulsion de l'Esprit, le *Baptême* configure radicalement le fidèle au Christ, dans le mystère pascal de la mort et de la résurrection; il le « revêt » du Christ (cf. *Ga* 3, 27): « Réjouissons-nous et rendons grâce, s'exclame saint Augustin en s'adressant aux baptisés, nous sommes devenus non seulement chrétiens, mais le Christ. [...] Soyez étonnés et joyeux. Nous sommes devenus le Christ ! ».[28] Mort au péché, le baptisé reçoit la vie nouvelle (cf. *Rm* 6, 3-11): vivant pour Dieu dans le Christ Jésus, il est appelé à marcher selon l'Esprit et à en manifester les fruits dans sa vie (cf. *Ga* 5, 16-25). Et la participation à *l'Eucharistie,* sacrement de la Nouvelle Alliance (cf. *1 Co* 11, 23-29), est le plus haut degré de l'assimilation au Christ, source de « vie éternelle » (cf. *Jn* 6, 51-58), principe et force du don total de soi, dont Jésus, selon le témoignage transmis par Paul, demande de faire mémoire dans la célébration et dans la

[28] *In Iohannis Evangelium Tractatus,* 21, 8: CCL 36, 216.

vie: « Chaque fois en effet que vous mangez ce pain et que vous buvez cette coupe, vous annoncez la mort du Seigneur jusqu'à ce qu'il vienne » (*1 Co* 11, 26).

« *Pour Dieu tout est possible* » (*Mt* 19, 26)

22.   Amère est la conclusion du dialogue entre Jésus et le jeune homme riche: « Entendant cette parole, le jeune homme s'en alla contristé, car il avait de grands biens » (*Mt* 19, 22). Non seulement le riche, mais encore les disciples eux-mêmes sont effrayés par l'appel de Jésus à le suivre, appel dont les exigences dépassent les aspirations et les forces humaines: « Entendant cela, les disciples restèrent tout interdits: "Qui donc peut être sauvé?" disaient-ils » (*Mt* 19, 25). Mais *le Maître renvoie à la puissance de Dieu:* « Pour les hommes, c'est impossible, mais pour Dieu tout est possible » (*Mt* 19, 26).

Dans ce même chapitre de l'Évangile de Matthieu (19, 3-10), lorsqu'il interprète la Loi mosaïque sur le mariage, Jésus refuse le droit à la répudiation, en invoquant le « principe » le plus ancien et le plus autorisé par rapport à la Loi de Moïse; le dessein premier de Dieu sur l'homme est un dessein auquel l'homme est devenu non conforme à la suite du péché: « C'est en raison de votre dureté de cœur que Moïse vous a permis de répudier vos femmes, mais dès l'origine il n'en fut pas ainsi » (*Mt* 19, 8). Le rappel du « principe » effraie les disciples qui commentent en ces termes: « Si telle est la condition de l'homme envers la femme, il vaut mieux ne pas se marier » (*Mt* 19, 10). En se référant de manière spécifique au charisme du célibat « à cause du Royaume des cieux » (*Mt* 19, 12), tout en énonçant une règle générale, Jésus renvoie à la nouvelle et surprenante possibilité offerte à l'homme par la grâce de Dieu: « Il leur dit: "Tous ne comprennent pas ce langage, mais ceux-là à qui c'est donné" » (*Mt* 19, 11).

L'homme ne peut pas imiter et revivre l'amour du Christ par ses seules forces. Il devient *capable de cet amour seulement en vertu d'un don de Dieu.* De même que le Seigneur Jésus reçoit l'amour de son Père, il le communique à son tour gratuitement à ses disciples: « Comme le Père m'a aimé, moi aussi je vous ai aimés. Demeurez en mon amour » (*Jn* 15, 9). *Le don du Christ, c'est son Esprit,* dont le premier « fruit » (cf. *Ga* 5, 22) est la charité: « L'amour de Dieu a été répandu dans nos cœurs par le Saint-Esprit qui nous fut donné » (*Rm* 5, 5). Saint Augustin s'interroge: « Est-ce l'amour qui fait observer les commandements, ou bien est-ce l'observance des commandements qui fait naître l'amour? » Et il répond: « Mais qui doute que l'amour précède l'observance? De fait, celui qui n'aime pas n'a pas de raison d'observer les commandements ».[29]

23.   « La loi de l'Esprit qui donne la vie dans le Christ Jésus t'a affranchi de la loi du péché et de la mort » (*Rm* 8, 2). Par ces paroles, l'Apôtre nous amène à considérer, dans la perspective de l'his-

---

[29] *Ibid.,* 82, 3: *CCL* 36, 533.

toire du salut qui s'accomplit dans le Christ, *le rapport entre la Loi* (ancienne) *et la grâce* (Loi nouvelle). Il reconnait le rôle pédagogique de la Loi qui, en permettant à l'homme pécheur de prendre la mesure de son impuissance et en lui ôtant la prétention de l'autosuffisance, l'ouvre à la supplication et à l'accueil de la « vie dans l'Esprit ». Il n'est possible de pratiquer les commandements de Dieu que dans cette vie nouvelle. C'est par la foi au Christ, en effet, que nous sommes rendus justes (cf. *Rm* 3, 28): la « justice » que la Loi exige, mais ne peut donner à personne, tout croyant la trouve manifestée et donnée par le Seigneur Jésus. Saint Augustin synthétise encore, de manière tout aussi admirable, la dialectique paulinienne de la Loi et de la grâce: « La Loi a donc été donnée pour que l'on demande la grâce; la grâce a été donnée pour que l'on remplisse les obligations de la Loi ».[30]

L'amour et la vie selon l'Évangile ne peuvent pas être envisagés avant tout sous la forme du précepte, car ce qu'ils requièrent va au-delà des forces humaines. Ils ne peuvent être vécus que comme le fruit d'un don de Dieu qui guérit et transforme le cœur de l'homme par la grâce: « Car la Loi fut donnée par Moïse; la grâce et la vérité sont venues par Jésus Christ » (*Jn* 1, 17). De ce fait, la promesse de la vie éternelle est liée au don de la grâce, et le don de l'Esprit que nous avons reçu constitue déjà « les arrhes de notre héritage » (*Ep* 1, 14).

[30] *De spiritu et littera*, 19, 34: CSEL 60, 187.

24.   Ainsi se révèle l'aspect authentique et original du commandement de l'amour, et de la perfection à laquelle il est ordonné; il s'agit *d'une possibilité offerte à l'homme exclusivement par la grâce,* par le don de Dieu, par son amour. D'autre part, cette conscience d'avoir reçu ce don, de posséder en Jésus Christ l'amour de Dieu, fait naître et soutient *la réponse responsable* d'un amour total envers Dieu et entre les frères, comme le rappelle avec insistance l'Apôtre Jean dans sa première *Lettre:* « Bien-aimés, aimons-nous les uns les autres, puisque l'amour est de Dieu et que quiconque aime est né de Dieu et connaît Dieu. Celui qui n'aime pas n'a pas connu Dieu, car Dieu est Amour [...]. Bien-aimés, si Dieu nous a aimés ainsi, nous devons, nous aussi, nous aimer les uns les autres [...]. Quant à nous, aimons, puisque lui nous a aimés le premier » (*1 Jn* 4, 7-8.11.19).

Ce lien inséparable entre la grâce du Seigneur et la liberté de l'homme, entre le don et le devoir, a été exprimé en termes simples et profonds par saint Augustin qui prie ainsi: « *Da quod iubes et iube quod vis* » (donne ce que tu commandes et commande ce que tu veux).[31]

Le don ne diminue pas mais renforce l'exigence morale de l'amour: « Or voici son commandement: croire au nom de son Fils Jésus Christ et nous aimer les uns les autres comme il nous en a donné le commandement » (*1 Jn* 3, 23). On ne peut

---

[31] *Confessions,* X, 29, 40: CCL 27, 176; cf. *De gratia et libero arbitrio,* XV: PL 44, 899.

« demeurer » dans l'amour qu'à condition d'observer les commandements, comme l'affirme Jésus: « Si vous gardez mes commandements, vous demeurerez en mon amour, comme moi j'ai gardé les commandements de mon Père et je demeure dans son amour » (*Jn* 15, 10).

En résumant ce qui est au cœur du message moral de Jésus et de la prédication des Apôtres, et en reprenant dans une admirable synthèse la grande tradition des Pères d'Orient et d'Occident — de saint Augustin en particulier [32] —, saint Thomas a pu écrire que la *Loi nouvelle* est *la grâce de l'Esprit Saint donné par la foi au Christ*.[33] Les commandements extérieurs, dont l'Évangile parle aussi, prédisposent à cette grâce ou en déploient les effets dans la vie. De fait, la Loi nouvelle ne se contente pas de dire ce qui doit se faire, mais elle donne aussi la force de « faire la vérité » (cf. *Jn* 3, 21). Dans le même sens, saint Jean Chrysostome a fait observer que la Loi nouvelle fut promulguée précisément quand l'Esprit Saint est venu du ciel le jour de la Pentecôte et que les Apôtres « ne descendirent pas de la montagne en portant, comme Moïse, des tables de pierre dans leurs mains, mais qu'ils s'en retournaient en portant l'Esprit Saint dans leurs cœurs, devenus par sa grâce une loi vivante et un livre vivant ».[34]

---

[32] Cf. *De spiritu et littera,* 21, 36; 26, 46: *CSEL* 60, 189-190; 200-201.
[33] Cf. *Somme théologique,* I-II, q. 106, a. 1, concl. et ad 2.
[34] *In Matthæum,* hom. I, 1: *PG* 57, 15.

« Et voici que je suis avec vous pour toujours jusqu'à la fin du monde » (Mt 28, 20)

25. Le dialogue entre Jésus et le jeune homme riche *se poursuit,* d'une certaine manière, *dans toutes les périodes de l'histoire, et encore aujourd'hui.* La question « Maître, que dois-je faire de bon pour obtenir la vie éternelle? » naît dans le cœur de tout homme, et c'est toujours le Christ, et lui seul, qui donne la réponse intégrale et finale. Le Maître, qui enseigne les commandements de Dieu, qui invite à sa suite et qui accorde la grâce pour une vie nouvelle, est toujours présent et agissant au milieu de nous, selon sa promesse: « Et voici que je suis avec vous pour toujours jusqu'à la fin du monde » (*Mt* 28, 20). *La présence du Christ aux hommes de tous les temps se réalise dans son corps qui est l'Église.* Pour cela, le Seigneur a promis à ses disciples l'Esprit Saint, qui leur « rappellerait » et leur ferait comprendre ses commandements (cf. *Jn* 14, 26) et qui serait le principe et la source d'une vie nouvelle dans le monde (cf. *Jn* 3, 5-8; *Rm* 8, 1-13).

Données par Dieu dans l'Ancienne Alliance et parvenues à leur perfection dans la Nouvelle et Éternelle Alliance, en la personne même du Fils de Dieu fait homme, les prescriptions morales doivent être *fidèlement conservées et actualisées en permanence* dans les différentes cultures tout au long de l'histoire. La charge de leur interprétation a été confiée par Jésus aux Apôtres et à leurs successeurs, assistés spécialement par l'Esprit de vérité: « Qui vous écoute m'écoute » (*Lc* 10, 16).

Avec la lumière et avec la force de l'Esprit, les Apôtres ont accompli la mission de prêcher l'Évangile et de montrer la « voie » du Seigneur (cf. *Ac* 18, 25), en enseignant avant tout à suivre et à imiter le Christ: « Pour moi, vivre, c'est le Christ » (*Ph* 1, 21).

26.   Dans la *catéchèse morale des Apôtres,* parallèlement aux exhortations et aux indications relatives au contexte historique et culturel, se trouve un enseignement éthique avec des normes précises de comportement. Cela apparaît aussi dans leurs Lettres, qui contiennent l'interprétation, guidée par l'Esprit Saint, des préceptes du Seigneur à vivre dans les différentes situations culturelles (cf. *Rm* 12-15; 1 *Co* 11-14; *Ga* 5-6; *Ep* 4-6; *Col* 3-4; *1 P; Jc*). Aux débuts de l'Église, chargés de la prédication évangélique, les Apôtres *ont veillé sur la rectitude de la conduite des chrétiens,*[35] en vertu de leur responsabilité pastorale, comme ils ont veillé également sur la pureté de la foi et sur la transmission des dons divins par les sacrements.[36] Les premiers chrétiens, issus du peuple juif ou d'autres nations, se différenciaient des païens non seulement par leur foi et par leur liturgie, mais aussi par le témoignage de leur conduite morale, inspirée par la Loi nouvelle.[37] En effet, l'Église est en même temps commu-

---

[35] Cf. S. Irénée, *Adversus hæreses,* IV, 26, 2-5: *SC* 100/2, pp. 718-729.

[36] Cf. S. Justin, *Apologie,* I, 66: *PG* 6, 427-430.

[37] Cf. *1 P* 2, 12-13, 17; *Didachè,* II, 2: *SC* 248, pp. 148-149; Clément d'Alexandrie, *Le Pédagogue,* I, 10; II, 10: *PG* 8, 355-364; 497-536; *SC* 70, pp. 268-279; *SC* 108, pp. 165-219; Tertullien, *Apologétique,* IX, 8: *CSEL,* 69, 24.

nion de foi et de vie; sa norme est « la foi opérant par la charité » (*Ga* 5, 6).

Aucune déchirure ne doit briser *l'harmonie entre la foi et la vie: l'unité de l'Église* est blessée non seulement par les chrétiens qui refusent ou déforment la vérité de la foi, mais encore par ceux qui méconnaissent les obligations morales auxquelles l'Évangile les appelle (cf. *1 Co* 5, 9-13). Avec fermeté, les Apôtres ont refusé toute dissociation entre l'engagement intérieur et les gestes qui l'expriment et le confirment (cf. *1 Jn* 2, 3-6).

Et depuis les temps apostoliques, les Pasteurs de l'Église ont dénoncé clairement les manières d'agir de ceux qui étaient des fauteurs de division par leurs enseignements et par leurs comportements.[38]

27.   Dans l'unité de l'Église, promouvoir et garder la foi et la vie morale, c'est la tâche confiée par Jésus aux Apôtres (cf. *Mt* 28, 19-20), tâche qui se poursuit dans le ministère de leurs successeurs. C'est ce que l'on retrouve dans la *Tradition vivante,* par laquelle, comme l'enseigne le Concile Vatican II, « l'Église perpétue dans sa doctrine, sa vie et son culte, et elle transmet à chaque génération, tout ce qu'elle est elle-même, tout ce qu'elle croit. Cette Tradition qui vient des Apôtres se poursuit dans l'Église, sous l'assistance du Saint-Esprit ».[39] Dans l'Esprit, l'Église accueille

---

[38] Cf. S. IGNACE D'ANTIOCHE, *Aux Magnésiens,* VI, 1-2: *SC* 10bis, pp. 82-85; S. IRÉNÉE, *Adversus hæreses,* IV, 33, 1.6.7: *SC* 100/2, pp. 802-805; 814-815; 816-819.

[39] Const. dogm. *Dei Verbum,* n. 8.

et transmet l'Écriture comme témoignage des « grandes choses » que Dieu opère dans l'histoire (cf. *Lc* 1, 49); elle confesse par la bouche des Pères et des Docteurs la vérité du Verbe incarné; elle met en pratique les préceptes et la charité dans la vie des saints et des saintes et dans le sacrifice des martyrs; elle célèbre l'espérance dans la liturgie; par cette Tradition, les chrétiens reçoivent « la voix vivante de l'Évangile »,[40] comme expression fidèle de la sagesse et de la volonté divines.

A l'intérieur de la Tradition, avec l'assistance de l'Esprit Saint, se développe *l'interprétation authentique* de la Loi du Seigneur. L'Esprit, qui est à l'origine de la Révélation, des commandements et des enseignements de Jésus, veille à ce qu'ils soient gardés saintement, exposés fidèlement et appliqués correctement dans tous les temps et dans toutes les situations. Une telle « actualisation » des commandements est le signe et le résultat d'une profonde intelligence de la Révélation et d'une bonne compréhension, à la lumière de la foi, des nouvelles situations historiques et culturelles. Cependant, elle ne peut que confirmer la validité permanente de la Révélation et s'inscrire dans le sillage de l'interprétation qu'en donne la grande Tradition de l'Église par son enseignement et par sa vie, Tradition dont témoignent la doctrine des Pères, la vie des saints, la liturgie de l'Église et l'enseignement du Magistère.

En particulier, comme l'affirme le Concile, « *la charge d'interpréter de façon authentique la pa-*

---

[40] Cf. *ibid.*

role de Dieu, écrite ou transmise, a été confiée au seul Magistère vivant de l'Église dont l'autorité s'exerce au nom de Jésus Christ ».[41] Ainsi l'Église, dans sa vie et dans son enseignement, se présente comme « colonne et support de la vérité » (*1 Tm* 3, 15), et aussi de la vérité dans l'agir moral. En effet, « il appartient à l'Église d'annoncer en tout temps et en tout lieu les principes de la morale, même en ce qui concerne l'ordre social, ainsi que de porter un jugement sur toute réalité humaine, dans la mesure où l'exigent les droits fondamentaux de la personne humaine ou le salut des âmes ».[42]

Précisément sur les questions qui font l'objet aujourd'hui du débat moral et autour desquelles se sont développées de nouvelles tendances et de nouvelles théories, le Magistère, dans la fidélité à Jésus Christ et dans la continuité de la Tradition de l'Église, estime qu'il est de son devoir urgent de proposer son discernement et son enseignement, afin d'aider l'homme sur le chemin vers la vérité et vers la liberté.

[41] *Ibid.*, n. 10.
[42] *Code de Droit canonique*, can. 747, § 2.

CHAPITRE II

« NE VOUS MODELEZ PAS SUR LE MONDE PRÉSENT » (*Rm* 12, 2).

L'ÉGLISE ET LE DISCERNEMENT SUR CERTAINES TENDANCES DE LA THÉOLOGIE MORALE ACTUELLE

Enseigner ce qui est conforme à la saine doctrine (cf. *Tt* 2, 1).

28.   En méditant le dialogue entre Jésus et le jeune homme riche, nous avons pu saisir le contenu essentiel de la Révélation de l'Ancien et du Nouveau Testament à propos de l'agir moral. Il comprend: *la soumission de l'homme et de son agir à Dieu,* Celui qui « seul est le Bon »; *le rapport entre le bien moral* des actes humains *et la vie éternelle; la marche à la suite du Christ,* qui ouvre à l'homme la perspective de l'amour parfait; et, enfin, *le don de l'Esprit Saint,* source et soutien de la vie morale de la « créature nouvelle » (cf. *2 Co* 5, 17).

Dans sa réflexion morale, *l'Église* a toujours tenu compte des paroles que Jésus a adressées au jeune homme riche. L'Écriture Sainte, en effet, reste la source vive et féconde de la doctrine morale de l'Église, comme l'a rappelé le Concile Vatican II: « L'Évangile [...] [est] la source de toute vérité salutaire et de toute règle morale ».[43] L'Église a gardé fidèlement ce qu'enseigne la Parole de Dieu, non seulement sur les vérités à croire mais encore sur l'agir moral, c'est-à-dire l'agir qui plaît à Dieu (cf. *1 Th* 4, 1), accomplissant un *développement doctrinal* analogue à celui qui s'est produit dans le domaine des vérités de la foi. Assistée de l'Esprit Saint qui la conduit vers la vérité tout entière (cf. *Jn* 16, 13), l'Église n'a cessé, et ne peut jamais cesser, de scruter « le mystère du Verbe incarné », dans lequel « s'éclaire vraiment le mystère de l'homme ».[44]

29.   La réflexion morale de l'Église, toujours menée sous la lumière du Christ, le « Bon Maître », s'est déroulée aussi dans la forme spécifique de la science théologique appelée « *théologie morale* », science qui accueille et interroge la Révélation divine et en même temps répond aux exigences de la raison humaine. La théologie morale est une réflexion sur la « moralité », c'est-à-dire le caractère bon ou mauvais des actes humains et de la personne qui les pose, et, en ce sens, elle concerne à tous les hommes; mais c'est aussi une « théologie », car elle reconnaît le principe et la fin de l'agir moral en Celui qui « seul est le Bon » et qui, en se donnant à l'homme dans le Christ, lui offre la béatitude de la vie divine.

---

[43] Const. dogm. *Dei Verbum*, n. 7.
[44] CONC. ŒCUM. VAT. II, Const. past. *Gaudium et spes*, n. 22.

Le Concile Vatican II a invité les spécialistes à s'appliquer, « *avec un soin particulier à perfectionner la théologie morale* dont la présentation scientifique, plus nourrie de la doctrine de la Sainte Écriture, mettra en lumière la grandeur de la vocation des fidèles dans le Christ et leur obligation de porter du fruit dans la charité pour la vie du monde ».[45] Le même Concile a invité les théologiens, « tout en respectant les méthodes et les règles propres aux sciences théologiques, [...] à chercher *la manière toujours plus adaptée pour communiquer* la doctrine aux hommes de leur temps: car autre chose est le dépôt même ou les vérités de la foi, autre chose la façon selon laquelle ces vérités sont exprimées, à condition toutefois d'en sauvegarder le sens et la signification ».[46] De là l'invitation suivante, qui s'applique à tous les fidèles mais qui s'adresse particulièrement aux théologiens: « Que les croyants vivent donc en très étroite union avec les autres hommes de leur temps et qu'ils s'efforcent de comprendre à fond leurs façons de penser et de sentir, telles qu'elles s'expriment par la culture ».[47]

Les efforts de nombreux théologiens, soutenus par les encouragements du Concile, ont déjà porté leurs fruits, par des réflexions intéressantes et utiles sur les vérités de la foi qu'il faut croire et appliquer dans la vie, présentées sous des formes qui répondent davantage à la sensibilité et aux interrogations des hommes de notre temps.

---

[45] Décr. *Optatam totius,* n. 16.
[46] Const. past. *Gaudium et spes,* n. 62.
[47] *Ibid.*

L'Église, et en particulier les évêques, auxquels Jésus Christ a confié avant tout le ministère d'enseignement, accueillent ces efforts avec gratitude et encouragent les théologiens à poursuivre leur labeur, animés par une profonde et authentique « crainte du Seigneur, principe de savoir » (*Pr* 1, 7).

En même temps, dans le cadre des débats théologiques post-conciliaires, se sont toutefois répandues *certaines interprétations de la morale chrétienne qui ne sont pas compatibles avec la « saine doctrine »* (*2 Tm* 4, 3). Il est évident que le Magistère de l'Église n'entend pas imposer aux fidèles un système théologique particulier, encore moins un système philosophique, mais, pour « garder saintement et exposer avec fidélité » la Parole de Dieu,[48] il a le devoir de déclarer l'incompatibilité de certaines orientations de la pensée théologique ou de telle ou telle affirmation philosophique avec la vérité révélée.[49]

30. En vous adressant cette encyclique, chers Frères dans l'épiscopat, je désire énoncer *les principes nécessaires pour le discernement de ce qui est contraire à la « saine doctrine »,* et rappeler les éléments de l'enseignement moral de l'Église qui semblent aujourd'hui particulièrement exposés à l'erreur, à l'ambiguïté ou à l'oubli. Ce sont d'ailleurs les éléments dont dépend « la réponse aux

---

[48] Cf. CONC. ŒCUM. VAT. II, Const. dogm. *Dei Verbum*, n. 10.
[49] Cf. CONC. ŒCUM. VAT. I, Const. dogm. sur la foi catholique *Dei Filius*, ch. 4: *DS*, n. 3018.

énigmes cachées de la condition humaine, qui, hier comme aujourd'hui, troublent profondément le cœur humain: qu'est-ce que l'homme? Quel est le sens et le but de la vie? Qu'est-ce que le bien et qu'est-ce que le péché? Quels sont l'origine et le but de la souffrance? Quelle est la voie pour parvenir au vrai bonheur? Qu'est-ce que la mort, le jugement et la rétribution après la mort? Qu'est-ce enfin que le mystère dernier et ineffable qui entoure notre existence, d'où nous tirons notre origine et vers lequel nous tendons? ».[50]

Ces questions — et d'autres encore comme: qu'est-ce que la liberté et quelle est son rapport avec la vérité contenue dans la Loi de Dieu? quel est le rôle de la conscience dans la formation de la physionomie morale de l'homme? comment discerner, en conformité avec la vérité sur le bien, les droits et les devoirs concrets de la personne humaine? — peuvent se résumer dans la *question fondamentale* que le jeune homme de l'Évangile posa à Jésus: « Maître, que dois-je faire de bon pour obtenir la vie éternelle? » Envoyée par Jésus pour prêcher l'Évangile et « de toutes les nations faire des disciples..., leur apprenant à observer tout » ce qu'il a prescrit (*Mt* 28, 19-20), *l'Église redonne, aujourd'hui encore, la réponse du Maître,* car elle possède une lumière et une force capables de résoudre même les questions les plus discutées et les plus complexes. Cette force et cette lumière incitent l'Église à développer d'une manière cons-

---

[50] CONC. ŒCUM. VAT. II, Décl. sur les relations de l'Église avec les religions non chrétiennes *Nostra ætate,* n. 1.

tante, non seulement la réflexion dogmatique, mais aussi la réflexion morale dans un cadre interdisciplinaire, ce qui est particulièrement nécessaire pour les problèmes nouveaux qui se posent.[51]

C'est toujours sous cette lumière et avec cette force que *le Magistère de l'Église accomplit son œuvre de discernement,* accueillant et faisant sienne à nouveau la recommandation que l'Apôtre Paul adressait à Timothée: « Je t'adjure devant Dieu et devant le Christ Jésus, qui doit juger les vivants et les morts, au nom de son Apparition et de son Règne: proclame la parole, insiste à temps et à contretemps, réfute, menace, exhorte, avec une patience inlassable et le souci d'instruire. Car un temps viendra où les hommes ne supporteront plus la saine doctrine, mais au contraire, au gré de leurs passions et l'oreille les démangeant, ils se donneront des maîtres en quantité et détourneront l'oreille de la vérité pour se tourner vers les fables. Pour toi, sois prudent en tout, supporte l'épreuve, fais œuvre de prédicateur de l'Évangile, acquitte-toi à la perfection de ton ministère » (*2 Tm* 4, 1-5; cf. *Tt* 1, 10.13-14).

« Vous connaîtrez la vérité et la vérité vous libérera » (*Jn* 8, 32)

31.　　Les problèmes humains qui sont les plus débattus et diversement résolus par la réflexion morale contemporaine se rattachent tous, bien que

---

[51] Cf. CONC. ŒCUM. VAT. II, Const. past. *Gaudium et spes,* nn. 43-44.

de manière différente, à un problème crucial, celui de la *liberté de l'homme*.

Il n'y a pas de doute que notre époque est arrivée à une perception particulièrement vive de la liberté. « La dignité de la personne humaine est, en notre temps, l'objet d'une conscience toujours plus vive », comme le constatait déjà la déclaration conciliaire *Dignitatis humanæ* sur la liberté religieuse.[52] D'où la revendication de la possibilité pour l'homme « d'agir en vertu de ses propres options et en toute libre responsabilité, non pas sous la pression d'une contrainte, mais guidé par la conscience de son devoir ».[53] En particulier, le droit à la liberté religieuse et au respect de la conscience dans sa marche vers la vérité est toujours plus ressenti comme le fondement des droits de la personne considérés dans leur ensemble.[54]

Il est donc bien certain que le sens le plus aigu de la dignité de la personne humaine et de son unicité, comme aussi du respect dû au cheminement de la conscience, constitue une acquisition positive de la culture moderne. Cette perception, authentique en elle-même, s'est traduite en de multiples expressions, plus ou moins adéquates,

---

[52] CONC. ŒCUM. VAT. II, Décl. *Dignitatis humanæ*, n. 1, qui se réfère à JEAN XXIII, Encycl. *Pacem in terris* (11 avril 1963): *AAS* 55 (1963), p. 279; *ibid.*, p. 265, et à PIE XII, *Radiomessage* (24 décembre 1944): *AAS* 37 (1945), p. 14.

[53] Décl. *Dignitatis humanæ*, n. 1.

[54] Cf. Encycl *Redemptor hominis* (4 mars 1979), n. 17: *AAS* 71 (1979), pp. 295-300; Discours aux participants au 5ᵉ Colloque international d'Études juridiques (10 mars 1984), n. 4: *Insegnamenti* VII, 1 (1984), p. 656; CONGRÉGATION POUR LA DOCTRINE DE LA FOI, Instruction sur la liberté chrétienne et la libération *Libertatis conscientia* (22 mars 1986), n. 19: *AAS* 79 (1987), p. 561.

dont certaines toutefois s'écartent de la vérité sur l'homme en tant que créature et image de Dieu et, par conséquent, ont besoin d'être corrigées ou purifiées à la lumière de la foi.[55]

32.   Dans certains courants de la pensée moderne, on en est arrivé à *exalter la liberté au point d'en faire un absolu, qui serait la source des valeurs.* C'est dans cette direction que vont les doctrines qui perdent le sens de la transcendance ou celles qui sont explicitement athées. On a attribué à la conscience individuelle des prérogatives d'instance suprême du jugement moral, qui détermine d'une manière catégorique et infaillible le bien et le mal. A l'affirmation du devoir de suivre sa conscience, on a indûment ajouté que le jugement moral est vrai par le fait même qu'il vient de la conscience. Mais, de cette façon, la nécessaire exigence de la vérité a disparu au profit d'un critère de sincérité, d'authenticité, d'« accord avec soi-même », au point que l'on en est arrivé à une conception radicalement subjectiviste du jugement moral.

Comme on peut le saisir d'emblée, *la crise au sujet de la vérité* n'est pas étrangère à cette évolution. Une fois perdue l'idée d'une vérité universelle quant au Bien connaissable par la raison humaine, la conception de la conscience est, elle aussi, inévitablement modifiée: la conscience n'est plus considérée dans sa réalité originelle, c'est-à-dire comme un acte de l'intelligence de la

[55] Cf. Conc. Œcum. Vat. II, Const. past. *Gaudium et spes,* n. 11.

personne, qui a pour rôle d'appliquer la connaissance universelle du bien dans une situation déterminée et d'exprimer ainsi un jugement sur la juste conduite à choisir ici et maintenant; on a tendance à attribuer à la conscience individuelle le privilège de déterminer les critères du bien et du mal, de manière autonome, et d'agir en conséquence. Cette vision ne fait qu'un avec une éthique individualiste, pour laquelle chacun se trouve confronté à *sa* vérité, différente de la vérité des autres. Poussé dans ses conséquences extrêmes, l'individualisme débouche sur la négation de l'idée même de nature humaine.

Ces différentes conceptions sont à l'origine des mouvements de pensée qui soutiennent l'antagonisme entre loi morale et conscience, entre nature et liberté.

33. *Parallèlement* à l'exaltation de la liberté et, paradoxalement, en opposition avec elle, *la culture moderne remet radicalement en question cette même liberté.* Un ensemble de disciplines, regroupées sous le nom de « sciences humaines », ont à juste titre attiré l'attention sur les conditionnements d'ordre psychologique et social qui pèsent sur l'exercice de la liberté humaine. La connaissance de ces conditionnements et l'attention qui leur est prêtée sont des acquisitions importantes, qui ont trouvé des applications dans divers domaines de l'existence, comme par exemple dans la pédagogie ou dans l'administration de la justice. Mais certains, dépassant les conclusions que l'on peut légitimement tirer de ces observations, en sont

arrivés à mettre en doute ou à nier la réalité même de la liberté humaine.

Il faut aussi rappeler certaines interprétations abusives de la recherche scientifique dans le domaine de l'anthropologie. Tirant argument de la grande variété des mœurs, des habitudes et des institutions présentes dans l'humanité, on finit, sinon toujours par nier les valeurs humaines universelles, du moins par concevoir la morale d'une façon relativiste.

34.   « Maître, que dois-je faire de bon pour obtenir la vie éternelle? » *La question morale, à laquelle le Christ répond, ne peut faire abstraction de la question de la liberté, elle la place même en son centre,* car il n'y a pas de morale sans liberté. « C'est toujours librement que l'homme se tourne vers le bien ».[56] *Mais quelle liberté?* Face à nos contemporains qui « estiment grandement » la liberté et qui la « poursuivent avec ardeur », mais qui, souvent, « la chérissent d'une manière qui n'est pas droite, comme la licence de faire n'importe quoi, pourvu que cela plaise, même le mal », le Concile présente *la « vraie » liberté:* « La vraie liberté est en l'homme *un signe privilégié de l'image divine.* Car Dieu a voulu le laisser à son propre conseil (cf. *Si* 15, 14) pour qu'il puisse de lui-même chercher son Créateur et, en adhérant librement à lui, s'achever ainsi dans une bienheureuse plénitude ».[57] S'il existe un droit à être res-

[56] *Ibid.,* n. 17.
[57] *Ibid.*

pecté dans son propre itinéraire de recherche de la vérité, il existe encore antérieurement l'obligation morale grave pour tous de chercher la vérité et, une fois qu'elle est connue, d'y adhérer.[58] C'est en ce sens que le Cardinal J. H. Newman, éminent défenseur des droits de la conscience, affirmait avec force: « La conscience a des droits parce qu'elle a des devoirs ».[59]

Sous l'influence des courants subjectivistes et individualistes évoqués ci-dessus, certaines tendances de la théologie morale actuelle interprètent d'une manière nouvelle les rapports de la liberté avec la loi morale, avec la nature humaine et avec la conscience; elles proposent des critères inédits pour l'évaluation morale des actes. Malgré leur variété, ces tendances se rejoignent dans le fait d'affaiblir ou même de nier *la dépendance de la liberté par rapport à la vérité.*

Si nous voulons opérer un discernement critique sur ces tendances pour être en mesure de reconnaître en elles ce qui est légitime, utile et précieux, et d'en montrer en même temps les ambiguïtés, les dangers et les erreurs, nous devons les examiner à la lumière de la dépendance fondamentale de la liberté par rapport à la vérité, exprimée de la manière la plus claire et la plus

---

[58] Cf. CONC. ŒCUM. VAT. II, Décl. *Dignitatis humanæ*, n. 2; aussi GRÉGOIRE XVI, Encycl. *Mirari vos arbitramur* (15 août 1832): *Acta Gregorii Papæ XVI*, I, pp. 169-174; PIE IX, Encycl. *Quanta cura* (8 décembre 1864): *Pii IX P.M. Acta*, I, 3, pp. 687-700; LÉON XIII, Encycl. *Libertas præstantissimum* (20 juin 1888): *Leonis XIII P.M. Acta*, VIII, Rome (1889), pp. 212-246.
[59] *A Letter Addressed to His Grace the Duke of Norfolk: Certain difficulties felt by Anglicans in Catholic teaching* (Uniform Edition: Longman, Green and Company, London, 1868-1881), vol. 2, p. 250.

autorisée par les paroles du Christ: « Vous connaîtrez la vérité et la vérité vous libérera » (*Jn* 8, 32).

I. LA LIBERTÉ ET LA LOI

« De l'arbre de la connaissance du bien et du mal, tu ne mangeras pas » (*Gn* 2, 17)

35.   Nous lisons dans le livre de la *Genèse:* « Le Seigneur Dieu fit à l'homme ce commandement: "Tu peux manger de tous les arbres du jardin. Mais de l'arbre de la connaissance du bien et du mal, tu ne mangeras pas, car le jour où tu en mangeras, tu deviendras passible de mort" » (*Gn* 2, 16-17).

Par cette image, la Révélation enseigne que le *pouvoir de décider du bien et du mal n'appartient pas à l'homme, mais à Dieu seul.* Assurément, l'homme est libre du fait qu'il peut comprendre et recevoir les commandements de Dieu. Et il jouit d'une liberté très considérable, puisqu'il peut manger « de tous les arbres du jardin ». Mais cette liberté n'est pas illimitée: elle doit s'arrêter devant « l'arbre de la connaissance du bien et du mal », car elle est appelée à accepter la loi morale que Dieu donne à l'homme. En réalité, c'est dans cette acceptation que la liberté humaine trouve sa réalisation plénière et véritable. Dieu qui seul est bon connait parfaitement ce qui est bon pour l'homme en vertu de son amour même, il le lui propose dans les commandements.

La Loi de Dieu n'atténue donc pas la liberté de l'homme et encore moins ne l'élimine; au contraire, elle la protège et la promeut. Allant pourtant dans un sens bien différent, certaines tendances de la culture actuelle ont suscité de nombreux courants dans l'éthique qui placent au centre de leur réflexion *un prétendu conflit entre la liberté et la loi*. C'est le cas des doctrines qui attribuent aux individus ou aux groupes sociaux la faculté de *déterminer le bien et le mal*: la liberté humaine pourrait « créer les valeurs » et jouirait d'une primauté sur la vérité, au point que la vérité elle-même serait considérée comme une création de la liberté. Cette dernière revendiquerait donc une telle *autonomie* morale que cela signifierait pratiquement son *absolue souveraineté*.

36.   La requête moderne d'autonomie n'a pas manqué d'exercer aussi son *influence dans le domaine de la théologie morale catholique*. Si celle-ci n'a évidemment jamais entendu opposer la liberté humaine à la Loi divine, ni remettre en question l'existence du fondement religieux ultime des normes morales, elle a cependant été amenée à repenser entièrement le rôle de la raison et de la foi dans la détermination des normes morales qui se rapportent à des comportements précis « dans le monde », c'est-à-dire envers soi-même, envers les autres et envers le monde des choses.

Il faut reconnaître que, à l'origine de cet effort pour renouveler la réflexion, on trouve *certaines requêtes positives* qui, d'ailleurs, appartiennent dans une large mesure à la meilleure tradition de la pensée catholique. A l'invitation du Concile Vatican II,[60] on a désiré favoriser le dialogue avec la culture moderne, en mettant en lumière le caractère rationnel — et donc universellement intelligible et communicable — des normes morales appartenant au domaine de la loi morale naturelle.[61] En outre, on a voulu insister sur le caractère intérieur des exigences éthiques qui en découlent et qui ne s'imposent à la volonté comme une obligation qu'en vertu de leur reconnaissance préalable par la raison humaine et, concrètement, par la conscience personnelle.

Mais, en oubliant la dépendance de la raison humaine par rapport à la Sagesse divine et, dans l'état actuel de la nature déchue, la nécessité et surtout la réalité effective de la Révélation divine pour pouvoir connaître les vérités morales même d'ordre naturel,[62] certains en sont arrivés à faire la théorie de la *souveraineté totale de la raison* dans le domaine des normes morales portant sur la conduite droite de la vie dans ce monde: ces normes constitueraient le domaine d'une morale purement « humaine », c'est-à-dire qu'elles seraient l'expression d'une loi que l'homme se donne à lui-même de manière autonome et qui a sa source exclusivement dans la raison humaine. Dieu ne pourrait aucunement être considéré comme l'auteur de cette loi, si ce n'est dans la me-

[60] Cf. Const. past. *Gaudium et spes,* nn. 40 et 43.
[61] Cf. S. Thomas d'Aquin, *Somme théologique,* I-II, q. 71, a. 6; voir aussi ad 5.
[62] Cf. Pie XII, Encycl. *Humani generis* (12 août 1950): *AAS* 42 (1950), pp. 561-562.

sure où la raison humaine exerce sa fonction de régulation autonome en vertu de la délégation originelle et complète que Dieu a donnée à l'homme. Or ces façons de penser ont amené, à l'encontre de la Sainte Écriture et de la doctrine constante de l'Église, à nier que la loi morale naturelle ait Dieu pour auteur et que l'homme, par sa raison, participe de la Loi éternelle qu'il ne lui appartient pas d'établir.

37.   Cependant, désirant maintenir la vie morale dans un contexte chrétien, certains théologiens moralistes ont introduit une nette distinction, contraire à la doctrine catholique,[63] entre *un ordre éthique,* qui n'aurait qu'une origine humaine et une valeur seulement *terrestre,* et *un ordre du salut,* pour lequel n'auraient d'importance que certaines intentions et certaines attitudes intérieures envers Dieu et le prochain. En conséquence, on en est venu à nier l'existence, dans la Révélation divine, d'un contenu moral spécifique et déterminé, de validité universelle et permanente: la Parole de Dieu se limiterait à proposer une exhortation, une parénèse générale, que la raison autonome aurait seule ensuite le devoir de préciser par des déterminations normatives véritablement « objectives », c'est-à-dire appropriées à la situation historique concrète. Naturellement, une telle conception de l'autonomie entraîne aussi la négation de la compétence doctrinale spécifique

[63] Cf. CONC. ŒCUM. DE TRENTE, Sess. VI, Décr. sur la justification *Cum hoc tempore,* can. 19-21: *DS,* nn. 1569-1571.

de l'Église et de son Magistère sur les normes morales précises concernant ce qu'on appelle le « bien humain » : elles n'appartiendraient pas au contenu propre de la Révélation et ne seraient pas en elles-mêmes importantes pour le salut.

On ne peut pas ne pas voir qu'une telle interprétation de l'autonomie de la raison humaine comporte des thèses incompatibles avec la doctrine catholique.

Dans ce contexte, il est absolument nécessaire de clarifier, à la lumière de la Parole de Dieu et de la Tradition vivante de l'Église, les notions fondamentales de liberté humaine et de loi morale, de même que les rapports profonds qui les lient étroitement. C'est seulement ainsi que l'on pourra répondre aux requêtes légitimes de la rationalité humaine, en intégrant les éléments valables de certains courants de la théologie morale actuelle, sans porter atteinte au patrimoine moral de l'Église par des thèses résultant d'un conception erronée de l'autonomie.

Dieu a voulu laisser l'homme « à son conseil » (*Si* 15, 14)

38. Reprenant les paroles du Siracide, le Concile Vatican II explique ainsi la « vraie liberté » qui est en l'homme « un signe privilégié de l'image divine » : « Dieu a voulu "laisser [l'homme] à son conseil" pour qu'il puisse de lui-même chercher son Créateur et, en adhérant li-

brement à lui, s'achever ainsi dans une bienheureuse plénitude ».[64] Ces paroles montrent à quelle admirable profondeur de *participation à la seigneurie divine* l'homme a été appelé: elles montrent que le pouvoir de l'homme s'exerce, en un sens, sur l'homme lui-même. C'est là un aspect constamment souligné dans la réflexion théologique sur la liberté humaine, comprise comme une forme de royauté. Grégoire de Nysse écrit, par exemple, que l'âme manifeste son caractère royal « par son autonomie et son indépendance et par ce fait que, dans sa conduite, elle est maîtresse de son propre vouloir. De qui ceci est-il le propre, sinon d'un roi? [...] Ainsi la nature humaine, créée pour dominer le monde, à cause de sa ressemblance avec le Roi universel, a été faite comme une image vivante qui participe à l'archétype par la dignité et par le nom ».[65]

La maîtrise du monde constitue déjà pour l'homme un devoir important et une grande responsabilité qui engage sa liberté dans l'obéissance au Créateur: « Emplissez la terre et soumettez-la » (*Gn* 1, 28). De ce point de vue, à l'individu humain, de même qu'à la communauté humaine, appartient une juste autonomie, à laquelle la constitution conciliaire *Gaudium et spes* accorde une attention particulière: il s'agit de l'autonomie des réalités terrestres qui signifie « que les choses créées et les sociétés elles-mêmes ont leurs lois et

---

[64] Const. past. *Gaudium et spes,* n. 17.
[65] *De hominis opificio,* ch. 4: *PG* 44, 135-136.

leurs valeurs propres, que l'homme doit peu à peu apprendre à connaître, à utiliser et à organiser ».[66]

39.   Ce n'est pas seulement le monde, mais aussi *l'homme lui-même qui a été confié à ses propres soins et à sa propre responsabilité*. Dieu l'a « laissé à son conseil » (*Si* 15, 14), afin qu'il cherche son Créateur et qu'il parvienne librement à la perfection. Y parvenir signifie *construire personnellement en soi cette perfection*. En effet, de même que l'homme façonne le monde par son intelligence et par sa volonté en le maîtrisant, de même l'homme confirme, développe et consolide en lui-même sa ressemblance avec Dieu en accomplissant des actes moralement bons.

Toutefois, le Concile demande d'être attentif à une fausse conception de l'autonomie des réalités terrestres, celle qui consiste à considérer que « les choses créées ne dépendent pas de Dieu et que l'homme peut en disposer sans référence au Créateur ».[67] En ce qui concerne l'homme, cette conception de l'autonomie produit des effets particulièrement dommageables, car elle finit par avoir un sens athée: « La créature sans Créateur s'évanouit [...]. Et même, l'oubli de Dieu rend opaque la créature elle-même ».[68]

40.   L'enseignement du Concile souligne, d'un côté, le *rôle rempli par la raison humaine* pour la détermination et pour l'application de la loi mo-

---

[66] Const. past. *Gaudium et spes,* n. 36.
[67] *Ibid.*
[68] *Ibid.*

rale: la vie morale suppose de la part de la personne créativité et ingéniosité, car elle est source et cause de ses actes délibérés. D'un autre côté, la raison puise sa part de vérité et son autorité dans la Loi éternelle qui n'est autre que la Sagesse divine elle-même.[69] A la base de la vie morale, il y a donc le principe d'une « juste autonomie »[70] de l'homme, sujet personnel de ses actes. *La loi morale vient de Dieu et trouve toujours en lui sa source:* à cause de la raison naturelle qui découle de la Sagesse divine, elle est, en même temps, *la loi propre de l'homme.* En effet, la loi naturelle, comme on l'a vu, « n'est rien d'autre que la lumière de l'intelligence mise en nous par Dieu. Grâce à elle, nous savons ce que nous' devons faire et ce que nous devons éviter. Cette lumière et cette loi, Dieu les a données par la création ».[71] La juste autonomie de la raison pratique signifie que l'homme possède en lui-même sa loi, reçue du Créateur. Toutefois, *l'autonomie de la raison ne peut pas signifier la création des valeurs et des normes morales par la raison elle-même.*[72] Si cette autonomie impliquait la négation de la participation de la raison pratique à la sagesse du Créateur et divin Législateur, ou bien si elle

[69] Cf. S. Thomas d'Aquin, *Somme théologique,* I-II, q. 93, a. 3, ad 2, cité par Jean XXIII, Encycl. *Pacem in terris* (11 avril 1963): *AAS* 55 (1963), p. 271.

[70] Conc. Œcum. Vat. II, Const. past. *Gaudium et spes,* n. 41.

[71] S. Thomas d'Aquin, *In duo præcepta caritatis et in decem legis præcepta. Prologus: Opuscula theologica,* II, n. 1129, Turin, Marietti (1954), p. 245.

[72] Cf. Discours à un groupe d'évêques des États-Unis d'Amérique à l'occasion de leur visite *ad limina* (15 octobre 1988), n. 6: *Insegnamenti,* XI, 3 (1988), p. 1228.

suggérait une liberté créatrice des normes morales en fonction des contingences historiques ou de la diversité des sociétés et des cultures, une telle prétention d'autonomie contredirait l'enseignement de l'Église sur la vérité de l'homme.[73] Ce serait la mort de la liberté véritable: « Mais de l'arbre de la connaissance du bien et du mal, tu ne mangeras pas, car le jour où tu en mangeras, tu deviendras passible de mort » (*Gn* 2, 17).

41. *L'autonomie morale authentique* de l'homme ne signifie nullement qu'il refuse, mais bien qu'il accueille la loi morale, le commandement de Dieu: « Le Seigneur, Dieu fit à l'homme ce commandement... » (*Gn* 2, 16). *La liberté de l'homme et la Loi de Dieu se rejoignent et sont appelées à s'interpénétrer,* c'est-à-dire qu'il s'agit de l'obéissance libre de l'homme à Dieu et de la bienveillance gratuite de Dieu envers l'homme. Par conséquent, l'obéissance à Dieu n'est pas, comme le croient certains, une *hétéronomie,* comme si la vie morale était soumise à la volonté d'une toute-puissance absolue, extérieure à l'homme et contraire à l'affirmation de sa liberté. En réalité, si l'hétéronomie de la morale signifiait la négation de l'autodétermination de l'homme ou l'imposition de normes extérieures à son bien, elle serait en contradiction avec la révélation de l'Alliance et de l'Incarnation rédemptrice. Cette hétéronomie ne serait qu'une

---

[73] Cf. Conc. Œcum. Vat. II, Const. past. *Gaudium et spes,* n. 47.

forme d'aliénation, contraire à la Sagesse divine et à la dignité de la personne humaine.

Certains parlent, à juste titre, de *théonomie,* ou de *théonomie participée,* parce que l'obéissance libre de l'homme à la Loi de Dieu implique effectivement la participation de la raison et de la volonté humaines à la sagesse et à la providence de Dieu. En défendant à l'homme de manger « de l'arbre de la connaissance du bien et du mal » (*Gn* 2, 17), Dieu affirme qu'à l'origine l'homme ne possède pas en propre cette « connaissance », mais qu'il y participe seulement par la lumière de la raison naturelle et de la révélation divine qui lui manifestent les exigences et les appels de la Sagesse éternelle. On doit donc dire que la loi est une expression de la Sagesse divine: en s'y soumettant, la liberté se soumet à la vérité de la création. C'est pourquoi il convient de reconnaître dans la liberté de la personne humaine l'image et la proximité de Dieu qui est présent en tous (cf. *Ep* 4, 6); de même, il faut confesser la majesté du Dieu de l'univers et vénérer la sainteté de la Loi de Dieu infiniment transcendante. *Deus semper maior.*[74]

Heureux l'homme qui se plaît dans la Loi du Seigneur (Cf. *Ps* 1, 1-2)

42.   La liberté de l'homme, formée sur le modèle de celle de Dieu, n'est pas supprimée par son obéissance à la Loi divine, mais elle ne demeure

---

[74] S. AUGUSTIN, *Enarratio in psalmum LXII,* 16: CCL 39, 804.

dans la vérité et elle n'est conforme à la dignité de l'homme que par cette obéissance, comme l'écrit clairement le Concile: « La dignité de l'homme exige de lui qu'il agisse selon un choix conscient et libre, mû et déterminé par une conviction personnelle et non sous le seul effet de poussées instinctives ou d'une contrainte extérieure. L'homme parvient à cette dignité lorsque, se délivrant de toute servitude des passions, par le choix libre du bien, il marche vers sa destinée et prend soin de s'en procurer réellement les moyens par son ingéniosité ».[75]

En tendant vers Dieu, vers Celui qui « seul est le Bon », l'homme doit accomplir le bien et éviter le mal librement. Mais, pour cela, l'homme doit *pouvoir distinguer le bien du mal*. Et cela s'effectue surtout grâce à la lumière de la raison naturelle, reflet en l'homme de la splendeur du visage de Dieu. Dans ce sens, saint Thomas écrit en commentant un verset du Psaume 4: « Quand le Psaume disait: "Offrez des sacrifices de justice" (*Ps* 4, 6), il ajoutait comme pour ceux qui demandaient quelles sont ces œuvres de justice: *"Beaucoup disent: Qui nous montrera le bien?"* et il leur donnait cette réponse: *"Seigneur, nous avons la lumière de ta face imprimée en nous"*, c'est-à-dire que la lumière de notre raison naturelle, nous faisant discerner ce qui est bien et ce qui est mal — ce qui relève de la loi naturelle —, n'est autre qu'une impression en nous de la lumière divine ».[76] On voit

---

[75] Const. past. *Gaudium et spes,* n. 17.
[76] *Somme théologique,* I-II, q. 91, a. 2.

là pourquoi cette loi est appelée loi *naturelle:* elle est appelée ainsi non pas par rapport à la nature des êtres irrationnels, mais parce que la raison qui la promulgue est précisément celle de la nature humaine.[77]

43. Le Concile Vatican II rappelle que « la norme suprême de la vie humaine est la Loi divine elle-même, éternelle, objective et universelle, par laquelle Dieu, dans son dessein de sagesse et d'amour, règle, dirige et gouverne le monde entier, ainsi que les voies de la communauté humaine. De cette Loi qui est sienne, Dieu rend l'homme participant de telle sorte que, par une heureuse disposition de la providence divine, celui-ci puisse toujours davantage accéder à l'immuable vérité ».[78]

Le Concile renvoie à la doctrine classique sur la *Loi éternelle de Dieu.* Saint Augustin la définit comme « la raison ou la volonté de Dieu qui permet de garder l'ordre naturel et interdit de le troubler; [79] Saint Thomas l'identifie avec « la raison de la sagesse divine qui meut toute chose à la fin requise ».[80] Et la sagesse de Dieu est providence, amour qui veille. C'est donc Dieu lui-même qui aime et qui veille, dans le sens le plus littéral et fondamental, sur toute la création (cf. *Sg* 7, 22; 8, 11). Dieu prend soin des hommes autrement que des êtres non personnels: non pas « de

---

[77] Cf. *Catéchisme de l'Église catholique,* n. 1955.
[78] Décl. *Dignitatis humanæ,* n. 3.
[79] *Contra Faustum,* XXII, 27: *PL* 42, 418.
[80] *Somme théologique,* I-II, q. 93, a. 1.

l'extérieur » par les lois de la nature physique, mais « de l'intérieur » par la raison qui, du fait qu'elle connaît la Loi éternelle de Dieu par une lumière naturelle, est en mesure de montrer à l'homme la juste direction de son agir libre.[81] De cette manière, Dieu appelle l'homme à participer à sa providence, voulant, par l'homme lui-même, c'est-à-dire par son action raisonnable et responsable, conduire le monde, non seulement le monde de la nature, mais encore celui des personnes humaines. La *loi naturelle* se situe dans ce contexte, en tant qu'expression humaine de la Loi éternelle de Dieu: « Parmi tous les êtres — écrit saint Thomas —, la créature raisonnable est soumise à la providence divine d'une manière plus excellente par le fait qu'elle participe elle-même de cette providence en pourvoyant à soi-même et aux autres. En cette créature, il y a donc une participation de la raison éternelle selon laquelle elle possède une inclination naturelle au mode d'agir et à la fin qui sont requis. C'est cette participation de la Loi éternelle qui, dans la créature raisonnable, est appelée loi naturelle ».[82]

44.   L'Église s'est souvent référée à la doctrine thomiste de la loi naturelle, l'intégrant dans son enseignement moral. Mon vénéré prédécesseur Léon XIII a ainsi souligné *la soumission essentielle de la raison et de la loi humaine à la Sagesse de Dieu et à sa Loi*. Après avoir dit que « la *loi naturelle* est

---

[81] Cf. *ibid.*, I-II, q. 90, a. 4, ad 1.
[82] *Ibid.*, q. 91, a. 2.

écrite et gravée dans le cœur de chaque homme, car elle est la raison même de l'homme lui ordonnant de bien faire et lui interdisant de pécher », Léon XIII renvoie à la « raison plus haute » du Législateur divin: « Mais cette prescription de la raison humaine ne pourrait avoir force de loi, si elle n'était l'organe et l'interprète d'une raison plus haute, à laquelle notre esprit et notre liberté doivent obéissance ». En effet, l'autorité de la loi réside dans son pouvoir d'imposer des devoirs, de conférer des droits et de sanctionner certains comportements: « Or tout cela ne pourrait exister dans l'homme, s'il se donnait à lui-même en législateur suprême la règle de ses propres actes ». Et il conclut: « Il s'ensuit que la loi naturelle est la *Loi éternelle elle-même,* inscrite dans les êtres doués de raison et *les inclinant à l'acte et à la fin qui leur sont propres;* et elle n'est que la raison éternelle du Dieu créateur et modérateur du monde ».[83]

L'homme peut reconnaître le bien et le mal grâce au discernement du bien et du mal que lui-même opère par sa raison, en particulier par sa raison éclairée par la Révélation divine et par la foi, en vertu de la Loi que Dieu a donnée au peuple élu, à commencer par les commandements du Sinaï. Israël a été appelé à recevoir et à vivre *la Loi de Dieu* comme *don spécial et signe de l'élection et de l'Alliance divines,* et en même temps comme attestation de la bénédiction de Dieu. Moïse pou-

---

[83] Encycl. *Libertas præstantissimum* (20 juin 1888): *Leonis XIII P. M. Acta,* VIII, Rome (1889), p. 219.

vait ainsi s'adresser aux fils d'Israël et leur demander: « Quelle est la grande nation dont les dieux se fassent aussi proches que le Seigneur notre Dieu l'est pour nous chaque fois que nous l'invoquons? Et quelle est la grande nation dont les lois et coutumes soient aussi justes que toute cette Loi que je vous prescris aujourd'hui? » (*Dt* 4, 7-8). C'est dans les *Psaumes* que nous trouvons l'expression de la louange, de la gratitude et de la vénération que le peuple élu est appelé à nourrir envers la Loi de Dieu, en même temps que l'exhortation à la connaître, à la méditer et à la mettre en œuvre dans la vie: « Heureux l'homme qui ne suit pas le conseil des impies, ni dans la voie des égarés ne s'arrête, ni au siège des rieurs ne s'assied, mais se plaît dans la Loi du Seigneur, mais murmure sa Loi jour et nuit! » (*Ps* 1, 1-2). « La Loi du Seigneur est parfaite, réconfort pour l'âme; le témoignage du Seigneur est véridique, sagesse du simple. Les préceptes du Seigneur sont droits, joie pour le cœur; le commandement du Seigneur est limpide, lumière des yeux » (*Ps* 19/18, 8-9).

45.   L'Église accueille avec reconnaissance tout le dépôt de la Révélation et le conserve avec amour; elle le considère avec un respect religieux quand elle remplit sa mission d'interpréter la Loi de Dieu de manière authentique à la lumière de l'Évangile. En outre, l'Église reçoit comme un don la *Loi nouvelle* qui est l'« accomplissement » de la Loi de Dieu en Jésus Christ et dans son Esprit: c'est une loi « intérieure » (cf. *Jr* 31, 31-33), « écrite non avec de l'encre, mais avec l'Esprit du

Dieu vivant, non sur des tables de pierre, mais sur des tables de chair, sur les cœurs » (*2 Co* 3, 3); une loi de perfection et de liberté (cf. *2 Co* 3, 17); c'est « la Loi de l'Esprit qui donne la vie dans le Christ Jésus » (*Rm* 8, 2). Saint Thomas écrit au sujet de cette loi: « On peut dire que c'est une loi [...] dans un premier sens: la loi de l'esprit est l'Esprit Saint [...] qui, habitant dans l'âme, non seulement enseigne ce qu'il faut faire en éclairant l'intelligence sur les actes à accomplir, mais encore incline à agir avec rectitude [...] Dans un deuxième sens, la loi de l'esprit peut se dire de l'effet propre de l'Esprit Saint, c'est-à-dire la foi opérant par la charité (*Ga* 5, 6) et qui, par là, instruit intérieurement sur les choses à faire [...] et dispose l'affection à agir ».[84]

Même si, dans la réflexion théologique et morale, on a pris l'habitude de distinguer la Loi de Dieu positive et révélée de la loi naturelle, et, dans l'économie du salut, la loi « ancienne » de la loi « nouvelle », on ne peut oublier que ces distinctions utiles et d'autres encore se réfèrent toujours à la Loi dont l'auteur est le Dieu unique lui-même et dont le destinataire est l'homme. Les différentes manières dont Dieu veille sur le monde et sur l'homme dans l'histoire non seulement ne s'excluent pas, mais, au contraire, se renforcent l'une l'autre et s'interpénètrent. Toutes proviennent du dessein éternel de sagesse et d'amour par lequel Dieu prédestine les hommes « à reproduire l'image de son Fils » (*Rm* 8, 29) et elles le mani-

---

[84] *In Epistulam ad Romanos*, ch. VIII, lect. 1.

festent. Ce dessein ne comporte aucune menace pour la liberté authentique de l'homme; au contraire, l'accueil de ce dessein est l'unique voie pour affirmer la liberté.

« *Ils montrent la réalité de la Loi inscrite en leur cœur* » (*Rm* 2, 15).

46. Le prétendu conflit entre la liberté et la loi se présente à nouveau aujourd'hui avec une intensité particulière en ce qui concerne la loi naturelle, spécialement au sujet de la nature. En réalité, *les débats sur la nature et la liberté* ont toujours accompagné l'histoire de la réflexion morale, prenant un tour aigu au temps de la Renaissance et de la Réforme, comme on peut le remarquer dans les enseignements du Concile de Trente.[85] L'époque contemporaine est marquée par une tension analogue, bien que dans un sens différent: le goût de l'observation empirique, les processus de l'objectivité scientifique, le progrès technique, certaines formes de libéralisme ont amené à opposer les deux termes, comme si la dialectique — sinon même le conflit — entre la liberté et la nature était une caractéristique qui structure l'histoire humaine. En d'autres temps, il semblait que la « nature » soumettait totalement l'homme à ses dynamismes et même à ses déterminismes. Aujourd'hui encore, les coordonnées spatio-temporelles du monde sensible, les constantes physico-chimiques, les dynamismes corporels, les

---

[85] Sess. VI, Décret *Cum hoc tempore,* ch. 1: *DS,* n. 1521.

pulsions psychiques, les conditionnements sociaux, apparaissent à beaucoup de gens comme les seuls facteurs réellement décisifs des réalités humaines. Dans ce contexte, les faits de nature morale eux-mêmes sont souvent considérés, au mépris de leur spécificité, comme s'il s'agissait de données statistiquement saisissables, de comportements observables ou explicables par les seules données des mécanismes psychologiques et sociaux. C'est ainsi que *certains spécialistes de l'éthique,* appelés par profession à examiner les faits et gestes de l'homme, peuvent avoir la tentation de mesurer l'objet de leur savoir, ou même leurs prescriptions, à partir d'un tableau statistique des comportements humains concrets et des valeurs admises par la majorité.

D'autres moralistes, inversement, soucieux d'éduquer aux valeurs, restent sensibles au prestige de la liberté, mais la conçoivent souvent en opposition, ou en conflit, avec la nature matérielle et biologique à laquelle elle devrait progressivement s'imposer. A ce propos, diverses conceptions se rejoignent dans le même oubli de la qualité de créature de la nature et dans la méconnaissance de son intégralité. *Pour certains,* la nature se trouve réduite à n'être qu'un matériau de l'agir humain et de son pouvoir: elle devrait être profondément transformée ou même dépassée par la liberté, parce qu'elle serait pour celle-ci une limite et une négation. *Pour d'autres,* les valeurs économiques, sociales, culturelles et même morales ne se constituent que dans la promotion sans limites du pouvoir de l'homme ou de sa liberté: la nature ne désignerait alors que tout ce qui, en l'homme et dans le monde, se trouve hors du champ de la liberté. Cette nature comprendrait en premier lieu le corps humain, sa constitution et ses dynamismes: à ce donné physique s'opposerait ce qui est « construit », c'est-à- dire la « culture », en tant qu'œuvre et produit de la liberté. La nature humaine, ainsi comprise, pourrait être réduite à n'être qu'un matériau biologique ou social toujours disponible. Cela signifie, en dernier ressort, que la liberté se définirait par elle-même et serait créatrice d'elle-même et de ses valeurs. C'est ainsi qu'à la limite l'homme n'aurait même pas de nature et qu'il serait à lui-même son propre projet d'existence. L'homme ne serait rien d'autre que sa liberté!

47.   C'est dans ce contexte que sont apparues *les objections du physicisme et du naturalisme* contre la conception traditionnelle de *la loi naturelle:* cette dernière présenterait comme lois morales celles qui ne seraient en elles-mêmes que des lois biologiques. On aurait ainsi attribué trop superficiellement à certains comportements humains un caractère permanent et immuable et, à partir de là, on aurait prétendu formuler des normes morales universellement valables. Selon certains théologiens, une telle « argumentation biologiste ou naturaliste » serait même présente dans certains documents du Magistère de l'Église, spécialement dans ceux qui abordent le domaine de l'éthique sexuelle et matrimoniale. Ce serait en se fondant sur une conception naturaliste de l'acte

sexuel qu'auraient été condamnés comme moralement inadmissibles la contraception, la stérilisation
directe, l'auto-érotisme, les rapports pré-matrimo-
niaux, les relations homosexuelles, de même que
la fécondation artificielle. Or, selon l'avis de ces
théologiens, l'évaluation moralement négative de
ces actes ne prendrait pas convenablement en
considération le caractère rationnel et libre de
l'homme, ni le conditionnement culturel de toute
norme morale. Ils disent que l'homme, comme
être rationnel, non seulement peut, mais même
doit déterminer librement le sens de ses comportements. Cette « détermination du sens » devra tenir compte, évidemment, des multiples limites de
l'être humain qui est dans une condition corporelle et historique. Elle devra également tenir
compte des modèles de comportement et du sens
qu'ils prennent dans une culture particulière. Surtout, elle devra respecter le commandement fondamental de l'amour de Dieu et du prochain.
Mais Dieu — affirment-ils ensuite — a créé
l'homme comme être rationnel et libre, il l'a laissé
« à son conseil » et attend de lui qu'il façonne
lui-même rationnellement sa vie. L'amour du prochain signifierait avant tout ou exclusivement le
respect pour la libre détermination de lui-même.
Les mécanismes du comportement propres à
l'homme, mais aussi ce qu'on appelle ses « inclinations naturelles », fonderaient tout au plus —
disent-ils — une orientation générale du comportement droit, mais ils ne pourraient pas
déterminer la valeur morale des actes humains singuliers, si complexes en fonction des situations.

48. Face à cette interprétation, il convient de considérer avec attention le rapport exact qui existe entre la liberté et la nature humaine et, en particulier, *la place du corps humain du point de vue de la loi naturelle.*

Une liberté qui prétend être absolue finit par traiter le corps humain comme un donné brut, dépourvu de signification et de valeur morales tant que la liberté ne l'a pas saisi dans son projet. En conséquence, la nature humaine et le corps apparaissent comme des *présupposés ou des préliminaires,* matériellement *nécessaires* au choix de la liberté, mais *extrinsèques* à la personne, au sujet et à l'acte humain. Leurs dynamismes ne pourraient pas constituer des points de référence pour le choix moral, parce que la finalité de ces inclinations ne serait autre que des *biens « physiques »,* que certains appellent « pré-moraux ». Les prendre comme référence, pour y chercher des indications rationnelles dans l'ordre de la moralité, cela devrait être considéré comme du physicisme ou du biologisme. Dans ce contexte, la tension entre la liberté et une nature conçue dans un sens réducteur se traduit par une division à l'intérieur de l'homme lui-même.

Cette théorie morale n'est pas conforme à la vérité sur l'homme et sur sa liberté. Elle contredit les *enseignements de l'Église sur l'unité de l'être humain* dont l'âme rationnelle est *per se et essentialiter* la forme du corps.[86] L'âme spirituelle et immortelle

---

[86] CONC. ŒCUM. DE VIENNE, Const. *Fidei catholicæ: DS,* n. 902; CONC. ŒCUM. LATRAN V, Bulle *Apostolici regiminis: DS,* n. 1440.

est le principe d'unité de l'être humain, elle est ce pour quoi il existe comme un tout — *corpore et anima unus*[87] — en tant que personne. Ces définitions ne montrent pas seulement que même le corps, auquel est promise la résurrection, aura part à la gloire; elles rappellent également le lien de la raison et de la volonté libre avec toutes les facultés corporelles et sensibles. *La personne, comprenant son corps, est entièrement confiée à elle-même, et c'est dans l'unité de l'âme et du corps qu'elle est le sujet de ses actes moraux.* Grâce à la lumière de la raison et au soutien de la vertu, la personne découvre en son corps les signes annonciateurs, l'expression et la promesse du don de soi, en conformité avec le sage dessein du Créateur. C'est à la lumière de la dignité de la personne humaine, qui doit être affirmée pour elle-même, que la raison saisit la valeur morale spécifique de certains biens auxquels la personne est naturellement portée. Et, puisque la personne humaine n'est pas réductible à une liberté qui se projette elle-même, mais qu'elle comporte une structure spirituelle et corporelle déterminée, l'exigence morale première d'aimer et de respecter la personne comme une fin et jamais comme un simple moyen implique aussi intrinsèquement le respect de certains biens fondamentaux, hors duquel on tombe dans le relativisme et dans l'arbitraire.

49.   *Une doctrine qui dissocie l'acte moral des dimensions corporelles de son exercice est contraire aux*

---

[87] CONC. ŒCUM. VAT. II, Const. past. *Gaudium et spes,* n. 14.

enseignements de la Sainte Écriture et de la Tradition: .une telle doctrine fait revivre, sous des formes nouvelles, certaines erreurs anciennes que l'Église a toujours combattues, car elles réduisent la personne humaine à une liberté « spirituelle » purement formelle. Cette réduction méconnaît la signification morale du corps et des comportements qui s'y rattachent (cf. *1 Co* 6, 19). L'Apôtre Paul déclare que n'hériteront du Royaume de Dieu « ni impudiques, ni idolâtres, ni adultères, ni dépravés, ni gens de mœurs infâmes, ni voleurs, ni cupides, pas plus qu'ivrognes, insulteurs ou rapaces » (*1 Co* 6, 9-10). Cette condamnation, formellement exprimée par le Concile de Trente,[88] met au nombre des « péchés mortels », ou des « pratiques infâmes », certains comportements spécifiques dont l'acceptation volontaire empêche les croyants d'avoir part à l'héritage promis. En effet, *le corps et l'âme sont indissociables:* dans la personne, dans l'agent volontaire et dans l'acte délibéré, ils *demeurent ou se perdent ensemble.*

50.   On peut alors comprendre le vrai sens de la loi naturelle: elle se réfère à la nature propre et originale de l'homme, à la « nature de la personne humaine »,[89] qui est *la personne elle-même dans*

---

[88] Cf. Sess. VI, Décret *Cum hoc tempore,* ch. 15: *DS,* n. 1544. L'exhortation apostolique post-synodale *Reconciliatio et pænitentia* cite d'autres textes de l'Ancien et du Nouveau Testament, qui réprouvent comme péchés mortels certains comportements liés au corps (cf. Exhort. apost. post-synodale *Reconciliatio et pænitentia* (2 décembre 1984), n. 17: *AAS* 77 (1985), pp. 218-223.
[89] Cf. CONC. ŒCUM. VAT. II, Const. past. *Gaudium et spes,* n. 51.

l'unité de l'âme et du corps, dans l'unité de ses inclinations d'ordre spirituel ou biologique et de tous les autres caractères spécifiques nécessaires à la poursuite de sa fin. « La loi morale naturelle exprime et prescrit les finalités, les droits et les devoirs qui se fondent sur la nature corporelle et spirituelle de la personne humaine. Aussi ne peut-elle pas être conçue comme normativité simplement biologique, mais elle doit être définie comme l'ordre rationnel selon lequel l'homme est appelé par le Créateur à diriger et à régler sa vie et ses actes, et, en particulier, à user et à disposer de son propre corps ».[90] Par exemple, l'origine et le fondement du devoir de respecter absolument la vie humaine doivent être cherchés dans la dignité propre à la personne et non pas seulement dans l'inclination naturelle à conserver sa vie physique. Ainsi la vie humaine, tout en étant un bien fondamental de l'homme, acquiert une signification morale par rapport au bien de la personne, qui doit toujours être reconnue pour elle-même: s'il est toujours moralement illicite de tuer un être humain innocent, il peut être licite et louable de donner sa vie (cf. *Jn* 15, 13) par amour du prochain ou pour rendre témoignage à la vérité, et cela peut même être un devoir. En réalité, ce n'est qu'en référence à la personne humaine dans sa « totalité unifiée », c'est-à-dire « une âme qui s'exprime

---

[90] Congrégation pour la Doctrine de la Foi, Instruction sur le respect de la vie humaine naissante et la dignité de la procréation *Donum vitæ* (22 février 1987), intr., n. 3: *AAS* 80 (1988), p. 74; cf. Paul VI, Encycl. *Humanæ vitæ* (25 juillet 1968), n. 10: *AAS* 60 (1968), pp. 487-488.

dans un corps et un corps animé par un esprit immortel »,[91] que l'on peut déchiffrer le sens spécifiquement humain du corps. En effet, les inclinations naturelles ne prennent une qualité morale, qu'en tant qu'elles se rapportent à la personne humaine et à sa réalisation authentique qui, d'autre part, ne peut jamais exister que dans la nature humaine. L'Église sert l'homme en refusant les manipulations affectant la corporéité, qui en altèrent la signification humaine, et elle lui montre la voie de l'amour véritable, sur laquelle seule il peut trouver le vrai Dieu.

La loi naturelle ainsi comprise ne laisse pas place à la séparation entre la liberté et la nature. En effet, celles-ci sont harmonieusement liées entre elles et intimement alliées l'une avec l'autre.

« Mais dès l'origine il n'en fut pas ainsi » (Mt 19, 8).

51.   Le prétendu conflit entre la liberté et la nature retentit aussi sur l'interprétation de certains aspects spécifiques de la loi naturelle, surtout de *son universalité et de son immutabilité.* « Où donc ces règles sont-elles écrites — se demandait saint Augustin —, [...] sinon dans le livre de la lumière qu'on appelle vérité? C'est là qu'est inscrite toute loi juste, et de là qu'elle passe dans le cœur de l'homme qui fait œuvre de justice, non par mode de déplacement mais, pour ainsi dire, d'impres-

---

[91] Exhort. apost. *Familiaris consortio* (22 novembre 1981), n. 11: *AAS* 74 (1982), p. 92.

sion, comme l'effigie du sceau va se déposer sur la cire sans quitter le sceau ».[92]

C'est précisément grâce à cette « vérité » que *la loi naturelle suppose l'universalité.* En tant qu'inscrite dans la nature raisonnable de la personne, elle s'impose à tout être doué de raison et vivant dans l'histoire. Pour se perfectionner dans son ordre, la personne doit faire le bien et éviter le mal, veiller à la transmission et à la préservation de la vie, affiner et développer les richesses du monde sensible, cultiver la vie sociale, chercher la vérité, pratiquer le bien, contempler la beauté.[93]

La coupure faite par certains entre la liberté des individus et la nature commune à tous, ainsi qu'il ressort de certaines théories philosophiques qui ont une grande influence dans la culture contemporaine, obscurcit la perception de l'universalité de la loi morale par la raison. Mais, du fait qu'elle exprime la dignité de la personne humaine et établit le fondement de ses droits et de ses devoirs primordiaux, la loi naturelle est universelle dans ses prescriptions et son autorité s'étend à tous les hommes. *Cette universalité ne laisse pas de côté la singularité des êtres humains,* et elle ne s'oppose pas à l'unicité et au caractère irremplaçable de chaque personne; au contraire, elle inclut à leur source tous ses actes libres qui doivent attester l'universalité du bien authentique. En se soumettant à la loi commune, nos actes construisent la vraie communion des personnes et,

---

[92] *De Trinitate,* XIV, 15, 21: *CCL* 50/A, 451.
[93] Cf. S. Thomas d'Aquin, *Somme théologique,* I-II, q. 94, a. 2.

avec la grâce de Dieu, mettent en pratique la charité, « en laquelle se noue la perfection » (*Col* 3, 14). Au contraire, quand ils méconnaissent ou seulement ignorent la loi, de manière responsable ou non, nos actes blessent la communion des personnes, au préjudice de tous.

52.   Il est juste et bon, toujours et pour tous, de servir Dieu, de lui rendre le culte requis et d'honorer nos parents en vérité. Ces *préceptes positifs,* qui prescrivent d'accomplir certaines actions et de cultiver certaines attitudes, obligent universellement et ils sont immuables; [94] ils réunissent dans le même bien commun tous les hommes de toutes les époques de l'histoire, créés pour « la même vocation et la même destinée divine ».[95] Ces lois universelles et permanentes correspondent à ce que connaît la raison pratique et elles sont appliquées dans les actes particuliers par le jugement de la conscience. Le sujet qui agit assimile personnellement la vérité contenue dans la loi: il s'approprie et fait sienne cette vérité de son être par ses actes et par les vertus correspondantes. *Les préceptes négatifs* de la loi naturelle sont universellement valables: ils obligent tous et chacun, toujours et en

[94] Cf. CONC. ŒCUM. VAT. II, Const. past. *Gaudium et spes,* n. 10; cf. S. CONGRÉGATION POUR LA DOCTRINE DE LA FOI, Décl. sur certaines questions d'éthique sexuelle *Persona humana* (29 décembre 1975), n. 4: *AAS* 68 (1976), p. 80: « En réalité, la Révélation divine et, dans son ordre propre, la sagesse philosophique, en faisant re⸱sortir des exigences authentiques de l'humanité, manifestent nécessairement, par là même, l'existence de lois immuables inscrites dans les éléments constitutifs de la nature humaine et qui se révèlent identiques en tous les êtres doués de raison ».

[95] CONC. ŒCUM. VAT. II, Const. past. *Gaudium et spes,* n. 29.

toute circonstance. En effet, ils interdisent une action déterminée *semper et pro semper*, sans exception, parce que le choix d'un tel comportement n'est en aucun cas compatible avec la bonté de la volonté de la personne qui agit, avec sa vocation à la vie avec Dieu et à la communion avec le prochain. Il est défendu à tous et toujours de transgresser des préceptes qui interdisent, à tous et à tout prix, d'offenser en quiconque et, avant tout, en soi-même la dignité personnelle commune à tous.

D'autre part, le fait que seuls les commandements négatifs obligent toujours et en toutes circonstances ne veut pas dire que les prohibitions soient plus importantes dans la vie morale que le devoir de faire le bien, exprimé par les comportements positifs. La raison en est plutôt la suivante: le commandement de l'amour de Dieu et de l'amour du prochain ne comporte dans sa dynamique positive aucune limite supérieure, mais il a une limite inférieure en dessous de laquelle il est violé. En outre, ce que l'on doit faire dans une situation déterminée dépend des circonstances, qui ne sont pas toutes prévisibles à l'avance; au contraire, il y a des comportements qui ne peuvent jamais, et dans aucune situation, être la réponse juste, c'est-à-dire conforme à la dignité de la personne. Enfin, il est toujours possible que l'homme, sous la contrainte ou en d'autres circonstances, soit empêché d'accomplir certaines bonnes actions; mais il ne peut jamais être empêché de ne pas faire certaines actions, surtout s'il est prêt à mourir plutôt que de faire le mal.

L'Église a toujours enseigné que l'on ne doit jamais choisir des comportements prohibés par les commandements moraux, exprimés sous forme négative par l'Ancien et le Nouveau Testament. Comme on l'a vu, Jésus lui-même redit qu'on ne peut déroger à ces interdictions: « Si tu veux entrer dans la vie, observe les commandements [...]. "Tu ne tueras pas, tu ne commettras pas d'adultère, tu ne voleras pas, tu ne porteras pas de faux témoignage" » (*Mt* 19, 17-18).

53.   L'homme contemporain se montre très sensible à l'historicité et à la culture, et cela amène certains à douter de l'*immutabilité de la loi naturelle* elle-même et donc de l'existence de « normes objectives de la moralité » [96] valables pour tous les hommes actuellement et à l'avenir, comme elles l'étaient déjà dans le passé: est-il possible d'affirmer que sont universellement valables pour tous et permanentes certaines déterminations rationnelles établies dans le passé, alors qu'on ignorait le progrès que l'humanité devait faire par la suite?

On ne peut nier que l'homme se situe toujours dans une culture particulière, mais on ne peut nier non plus que l'homme ne se définit pas tout entier par cette culture. Du reste, le progrès même des cultures montre qu'il existe en l'homme quelque chose qui transcende les cultures. Ce « quelque chose » est précisément *la nature de l'homme:* cette

---

[96] *Ibid.,* n. 16.

nature est la mesure de la culture et la condition pour que l'homme ne soit prisonnier d'aucune de ses cultures, mais pour qu'il affirme sa dignité personnelle dans une vie conforme à la vérité profonde de son être. Si l'on remettait en question les éléments structurels permanents de l'homme, qui sont également liés à sa dimension corporelle même, non seulement on irait contre l'expérience commune, mais on rendrait incompréhensible *la référence que Jésus a faite à « l'origine »,* justement lorsque le contexte social et culturel du temps avait altéré le sens originel et le rôle de certaines normes morales (cf. *Mt* 19, 1-9). Dans ce sens, l'Église « affirme que, sous tous les changements, bien des choses demeurent qui ont leur *fondement ultime dans le Christ,* le même hier, aujourd'hui et à jamais ».[97] C'est lui le « Principe » qui, ayant assumé la nature humaine, l'éclaire définitivement dans ses éléments constitutifs et dans le dynamisme de son amour envers Dieu et envers le prochain.[98]

Il convient assurément de rechercher et de trouver *la formulation la plus appropriée* des normes morales universelles et permanentes selon les contextes culturels divers, plus à même d'exprimer constamment l'actualité historique, d'en faire comprendre et d'en interpréter authentiquement la vérité. Cette vérité de la loi morale — de

---

[97] *Ibid.,* n. 10.
[98] Cf. S. THOMAS D'AQUIN, *Somme théologique* I-II, q. 108, a. 1. Saint Thomas fonde le caractère des normes morales, déterminées non seulement dans la forme mais dans le contenu, y compris dans le cadre de la Loi nouvelle, par le fait que le Verbe assume la nature humaine.

même que celle du « dépôt de la foi » — se déploie à travers les siècles: les normes qui l'expriment restent valables dans leur substance, mais elles doivent être précisées et déterminées « *eodem sensu eademque sententia* » [99] selon les circonstances historiques par le Magistère de l'Église, dont la décision est précédée et accompagnée par l'effort de lecture et de formulation fourni par la raison des croyants et par la réflexion théologique. [100]

II. LA CONSCIENCE ET LA VÉRITÉ

Le sanctuaire de l'homme

54.   Le lien qui existe entre la liberté de l'homme et la Loi de Dieu se noue dans le « cœur » de la personne, c'est-à-dire dans sa *conscience morale:* « Au fond de sa conscience — écrit le Concile Vatican II —, l'homme découvre la présence d'une loi qu'il ne s'est pas donnée lui-même, mais à laquelle il est tenu d'obéir. Cette voix, qui

[99] S. VINCENT DE LÉRINS, *Commonitorium primum,* chap. 23: *PL* 50, 668.
[100] Le développement de la doctrine morale de l'Église est semblable à celui de la doctrine de la foi: cf. CONC. ŒCUM. VAT. I, Const. dogm. sur la foi catholique *Dei Filius,* ch. 4: *DS,* n. 3020; et can. 4: *DS,* n. 3024. A la doctrine morale s'appliquent aussi les paroles prononcées par Jean XXIII à l'occasion de l'ouverture du Concile Vatican II (11 octobre 1962): « Il faut que cette doctrine [= la doctrine chrétienne dans sa plénitude] certaine et immuable, qui doit être respectée fidèlement, soit approfondie et présentée de la façon qui répond aux exigences de notre époque. En effet, autre est le dépôt lui-même de la foi, c'est-à-dire les vérités contenues dans notre vénérable doctrine, et autre est la forme sous laquelle ces vérités sont énoncées, en leur conservant toutefois le même sens et le même portée » *AAS* 54 (1962), p. 792; cf. « *L'Osservatore Romano* », 12 octobre 1962, p. 2.

ne cesse de le presser d'aimer et d'accomplir le bien et d'éviter le mal, résonne au moment opportun dans l'intimité de son cœur: "Fais ceci, évite cela". Car c'est une Loi inscrite par Dieu au cœur de l'homme; sa dignité est de lui obéir, et c'est elle qui le jugera. (cf. *Rm* 2, 14-16) ».[101]

C'est pourquoi la façon de comprendre le lien entre la liberté et la loi se rattache étroitement à l'interprétation que l'on donne de la conscience morale. De ce fait, les tendances culturelles rappelées plus haut, opposant et séparant la liberté et la loi tout en exaltant la liberté de manière idolâtrique, conduisent à une *interprétation « créative » de la conscience morale,* qui s'écarte de la position traditionnelle de l'Église et de son Magistère.

55. Suivant l'opinion de divers théologiens, la fonction de la conscience aurait été réduite, au moins pendant certaines périodes du passé, à une simple application de normes morales générales aux cas particuliers qui se posent au cours de la vie d'une personne. Mais de telles normes, disent-ils, ne peuvent être aptes à accueillir et à respecter la spécificité intégrale et unique de chacun des actes concrets des personnes; elles peuvent aussi aider en quelque manière à une juste *évaluation* de la situation, mais elle ne peuvent se substituer aux personnes dans leurs *décisions* personnelles sur le comportement à adopter dans des cas déterminés. Dès lors, cette critique de

---

[101] Const. past. *Gaudium et spes,* n. 16.

l'interprétation traditionnelle de la nature humaine et de son importance pour la vie morale amène certains auteurs à affirmer que de telles normes sont moins un critère objectif et contraignant pour les jugements de conscience qu'une *perspective générale* qui, en première approximation, aide l'homme à ordonner avec cohérence sa vie personnelle et sa vie sociale. Ces auteurs relèvent encore la *complexité* propre au phénomène de la conscience: elle se réfère intimement à toute la sphère psychologique et affective ainsi qu'aux multiples influences de l'environnement social et culturel de la personne. D'autre part, on exalte au plus haut point la valeur de la conscience, définie par le Concile lui-même comme « le sanctuaire de l'homme, le lieu où il est seul avec Dieu et où sa voix se fait entendre ».[102] Cette voix, dit-on, amène l'homme moins à une observation scrupuleuse des normes universelles qu'à une prise en compte créative et responsable des missions personnelles que Dieu lui confie.

Dans leur volonté de mettre en relief le caractère « créatif » de la conscience, certains auteurs donnent à ses actes le nom de « décisions » et non plus de « jugements »: c'est seulement en prenant ces décisions de manière « autonome » que l'homme pourrait atteindre sa maturité morale. Il ne manque pas d'esprits pour estimer que ce processus de maturation se verrait contrarié par la position trop catégorique que prend, sur bien des questions morales, le Magistère de l'Église, dont

---

[102] *Ibid.*

les interventions feraient naître, chez les fidèles, d'inutiles *conflits de conscience.*

56.   Pour justifier de telles positions, certains ont proposé une sorte de double statut de la vérité morale. En plus du niveau doctrinal et abstrait, il faudrait reconnaître l'originalité d'une certaine considération existentielle plus concrète. Celle-ci, compte tenu des circonstances et de la situation, pourrait légitimement fonder des *exceptions à la règle générale* et permettre ainsi d'accomplir pratiquement, avec une bonne conscience, ce que la loi morale qualifie d'intrinsèquement mauvais. Ainsi s'instaure dans certains cas une séparation, voire une opposition, entre la doctrine du précepte valable en général et la norme de la conscience de chacun, qui déciderait effectivement, en dernière instance, du bien et du mal. Sur ce fondement, on prétend établir la légitimité de solutions prétendument « pastorales », contraires aux enseignements du Magistère, et justifier une herméneutique « créatrice », d'après laquelle la conscience morale ne serait nullement obligée, dans tous les cas, par un précepte négatif particulier.

Il n'est personne qui ne comprenne qu'avec ces positions on se trouve devant une mise en question de *l'identité même de la conscience morale* face à la liberté de l'homme et à la Loi de Dieu. Seuls les éclaircissements apportés plus haut sur le lien entre liberté et loi, lien fondé sur la vérité, rendent possible le *discernement* à faire sur cette interprétation « créative » de la conscience.

57.   Le texte de la *Lettre aux Romains,* qui nous a fait saisir l'essence de la loi naturelle, montre également *le sens biblique de la conscience,* surtout *dans son lien spécifique avec la loi:* « Quand des païens privés de la Loi accomplissent naturelle-ment les prescriptions de la Loi, ces hommes, sans posséder de Loi, se tiennent à eux-mêmes lieu de Loi; ils montrent la réalité de cette loi inscrite en leur cœur, à preuve le témoignage de leur cons-cience, ainsi que les jugements intérieurs de blâme ou d'éloge qu'ils portent les uns sur les autres » (*Rm* 2, 14-15).

D'après les paroles de saint Paul, la conscience place, en un sens, l'homme devant la Loi, en deve-nant elle-même un « *témoin* » *pour l'homme:* té-moin de sa fidélité ou de son infidélité à la Loi, c'est-à-dire de sa droiture foncière ou de sa malice morale. La conscience est l'*unique* témoin: ce qui se produit à l'intime de la personne est voilé aux yeux de tous ceux qui sont à l'extérieur. La cons-cience ne donne son témoignage qu'à la personne elle-même. Et, de son côté, seule la personne peut connaître sa réponse à la voix de sa propre cons-cience.

58.   On n'évaluera jamais comme il le faudrait l'importance de ce *dialogue intime de l'homme avec lui-même.* Mais, en réalité, il s'agit du *dialogue de l'homme avec Dieu,* auteur de la Loi, modèle pre-mier et fin ultime de l'homme. « La conscience — écrit saint Bonaventure — est comme le hé-

raut et le messager de Dieu; ce qu'il dit, elle ne le prescrit pas d'elle-même, mais elle le prescrit comme venant de Dieu, à la manière d'un héraut lorsqu'il proclame l'édit du roi. Il en résulte que la conscience a le pouvoir d'obliger ».[103] On peut donc dire que la conscience donne le témoignage de la droiture et de la malice de l'homme à l'homme lui-même, mais en même temps et avant tout, qu'elle est le *témoignage de Dieu lui-même,* dont la voix et le jugement pénètrent l'intime de l'homme jusqu'aux racines de son âme, en l'appelant *fortiter et suaviter* à l'obéissance: « La conscience morale n'enferme pas l'homme dans une solitude insurmontable et impénétrable, mais elle l'ouvre à l'appel, à la voix de Dieu. C'est là et nulle part ailleurs que résident tout le mystère et la dignité de la conscience morale, dans l'existence, c'est-à-dire le lieu, l'espace sacré où Dieu parle à l'homme ».[104]

59.   Saint Paul ne se borne pas à reconnaître que la conscience joue le rôle de « témoin », mais il révèle également la manière dont elle s'acquitte d'une telle fonction. Il s'agit de « raisonnements », qui blâment ou qui louent les païens selon leur comportement (cf. *Rm* 2, 15). Le terme de « raisonnements » met en lumière le caractère spécifique de la conscience, qui est d'émettre un *jugement moral sur l'homme et sur ses actes,* jugement

---

[103] *In II Librum Sentent.,* dist. 39, a. 1, q. 3, concl.: Ad claras Aquas, II, 907b.
    [104] Audience générale (17 août 1983), 2: *Insegnamenti,* VI, 2 (1983), p. 256.

d'absolution ou de condamnation selon que les actes humains sont ou non conformes à la Loi de Dieu écrite dans le cœur. C'est bien du jugement porté sur les actes et, en même temps, sur leur auteur et sur le moment de son achèvement que parle l'Apôtre Paul dans le même texte: « [Ainsi en sera-t-il] au jour où Dieu jugera les pensées secrètes des hommes, selon mon Évangile, par le Christ Jésus » (*Rm* 2, 16).

Le jugement de la conscience est un *jugement pratique,* un jugement qui intime à l'homme ce qu'il doit faire ou ne pas faire, ou bien qui évalue un acte déjà accompli par lui. C'est un jugement qui applique à une situation concrète la conviction rationnelle que l'on doit aimer, faire le bien et éviter le mal. Ce premier principe de la raison pratique appartient à la loi naturelle, et il en constitue même le fondement, car il exprime la lumière originelle sur le bien et sur le mal, reflet de la sagesse créatrice de Dieu qui, comme une étincelle indestructible (*scintilla animæ*), brille dans le cœur de tout homme. Mais, tandis que la loi naturelle met en lumière les exigences objectives et universelles du bien moral, la conscience applique la loi au cas particulier, et elle devient ainsi pour l'homme un impératif intérieur, un appel à faire le bien dans les situations concrètes. La conscience formule ainsi l'*obligation morale* à la lumière de la loi naturelle: c'est l'obligation de faire ce que l'homme, par un acte de sa conscience, *connaît* comme un bien qui lui est désigné *ici et maintenant*. Le caractère universel de la loi et de l'obligation n'est pas supprimé, mais bien plutôt reconnu, quand la raison en détermine les applications dans la vie quotidienne. Le jugement de la conscience affirme « en dernier ressort » la conformité d'un comportement concret à la loi; il formule la norme la plus immédiate de la moralité d'un acte volontaire, en réalisant « l'application de la loi objective à un cas particulier ».[105]

60. Comme la loi naturelle elle-même et comme toute connaissance pratique, le jugement de la conscience a un caractère impératif: l'homme *doit agir* en s'y conformant. Si l'homme agit contre ce jugement ou si, par défaut de certitude sur la justesse ou la bonté d'un acte déterminé, il l'accomplit, il est condamné par sa conscience elle-même, *norme immédiate de la moralité personnelle*. La dignité de cette instance rationnelle et l'autorité de sa voix et de ses jugements découlent de la *vérité* sur le bien et sur le mal moral qu'elle est appelée à entendre et à exprimer. Cette vérité est établie par la « Loi divine », *norme universelle et objective de la moralité*. Le jugement de la conscience ne définit pas la loi, mais il atteste l'autorité de la loi naturelle et de la raison pratique en rapport avec le Bien suprême par lequel la personne humaine se laisse attirer et dont elle reçoit les commandements: « La conscience n'est donc pas une source autonome et exclusive pour décider ce qui est bon et ce qui est mauvais; au contraire, en elle est profondément inscrit un principe d'obéis-

---

[105] Suprême S. Congrégation du Saint-Office, Instruction sur la « morale de situation » *Contra doctrinam* (2 février 1956): *AAS* 48 (1956), p. 144.

sance à l'égard de la norme objective qui fonde et conditionne la conformité de ses décisions aux commandements et aux interdits qui sont à la base du comportement humain ».[106]

61.   La vérité sur le bien moral, énoncée par la loi de la raison, est reconnue de manière pratique et concrète par le jugement de la conscience qui pousse à assumer la responsabilité du bien accompli et du mal commis: si l'homme commet le mal, le juste jugement de sa conscience demeure en lui témoin de la vérité universelle du bien, comme de la malice de son choix particulier. Mais le verdict de la conscience demeure aussi en lui comme un gage d'espérance et de miséricorde: tout en dénonçant le mal commis, il rappelle également le pardon à demander, le bien à faire et la vertu à rechercher toujours, avec la grâce de Dieu.

Ainsi, *dans le jugement pratique de la conscience,* qui impose à la personne l'obligation d'accomplir un acte déterminé, se *révèle le lien entre la liberté et la vérité.* C'est précisément pourquoi la conscience se manifeste par des actes de « jugement » qui reflètent la vérité sur le bien, et non comme des « décisions » arbitraires. Le degré de maturité et de responsabilité de ces jugements — et, en définitive, de l'homme, qui en est le sujet — se mesure non par la libération de la conscience par rapport à la vérité objective, en vue d'une prétendue autonomie des décisions personnelles,

---

[106] Encycl. *Dominum et vivificantem* (18 mai 1986), n. 43: *AAS* 78 (1986), pp. 859-860; cf. CONC. ŒCUM. VAT. II, Const. past. *Gaudium et spes,* n. 16; Déclar. *Dignitatis humanæ,* n. 3.

mais, au contraire, par une pressante recherche de la vérité et, dans l'action, par la remise de soi à la conduite de cette conscience.

Chercher la vérité et le bien

62.   Pour la conscience, en tant que jugement d'un acte, une erreur est toujours possible. « Il arrive souvent — écrit le Concile — que la conscience s'égare, par suite d'une ignorance invincible, sans perdre pour autant sa dignité. Ce que l'on ne peut dire lorsque l'homme se soucie peu de rechercher le vrai et le bien et lorsque l'habitude du péché rend peu à peu sa conscience presque aveugle ».[107] Dans ces quelques lignes, le Concile fournit une synthèse de la doctrine élaborée par l'Église au cours des siècles sur la *conscience erronée.*

Il est certain que, pour avoir une « bonne conscience » (*1 Tm* 1, 5), l'homme doit chercher la vérité et juger selon cette vérité. Comme le dit l'Apôtre Paul, la conscience doit être éclairée par l'Esprit Saint (cf. *Rm* 9, 1); elle doit être « pure » (*2 Tm* 1, 3); elle ne doit pas falsifier avec astuce la parole de Dieu, mais manifester clairement la vérité (cf. *2 Co* 4, 2). D'autre part, le même Apôtre donne aux chrétiens ce conseil: « Ne vous modelez pas sur le monde présent, mais que le renouvellement de votre jugement vous transforme et vous fasse discerner la volonté de Dieu, ce qui

---

[107] Const. past. *Gaudium et spes,* n. 16.

est bon, ce qui lui plaît, ce qui est parfait » (*Rm* 12, 2).

L'avertissement de Paul nous incite à la vigilance, car il nous fait remarquer que, dans les jugements de notre conscience, se cache toujours la possibilité de l'erreur. La conscience *n'est pas un juge infaillible:* elle peut se tromper. Néanmoins, l'erreur de la conscience peut être le fruit d'une *ignorance invincible,* c'est-à-dire d'une ignorance dont le sujet n'est pas conscient et dont il ne peut sortir par lui-même.

Dans le cas où cette ignorance invincible n'est pas coupable, nous rappelle le Concile, la conscience ne perd pas sa dignité, parce que, tout en nous orientant pratiquement dans un sens qui s'écarte de l'ordre moral objectif, elle ne cesse de parler au nom de la vérité sur le bien que le sujet est appelé à rechercher sincèrement.

63.   Quoi qu'il en soit, c'est toujours de la vérité que découle la dignité de la conscience: dans le cas de la conscience droite, il s'agit de la vérité *objective* reçue par l'homme, et, dans celui de la conscience erronée, il s'agit de ce que l'homme considère par erreur *subjectivement* vrai. Il n'est jamais acceptable de confondre une erreur « subjective » sur le bien moral avec la vérité « objective », rationnellement proposée à l'homme en vertu de sa fin, ni de considérer que la valeur morale de l'acte accompli avec une conscience vraie et droite équivaut à celle de l'acte accompli

en suivant le jugement d'une conscience erronée.[108] Le mal commis à cause d'une ignorance invincible ou d'une erreur de jugement non coupable peut ne pas être imputable à la personne qui le commet; mais, même dans ce cas, il n'en demeure pas moins un mal, un désordre par rapport à la vérité sur le bien. En outre, le bien non reconnu ne contribue pas à la progression morale de la personne qui l'accomplit: il ne lui confère aucune perfection et ne l'aide pas à se tourner vers le Bien suprême. Ainsi, avant de nous sentir facilement justifiés au nom de notre conscience, nous devrions méditer la parole du Psaume: « Qui s'avise de ses faux pas? Purifie-moi du mal caché » (*Ps* 19/18, 13). Il y a des fautes que nous ne parvenons pas à voir et qui n'en demeurent pas moins des fautes, parce que nous avons refusé de nous tourner vers la lumière (cf. *Jn* 9, 39-41).

La conscience, en tant que jugement concret ultime, compromet sa dignité lorsqu'elle est *coupablement erronée,* ou « lorsque l'homme se soucie peu de chercher la vérité et le bien, et lorsque l'habitude du péché rend peu à peu sa conscience presque aveugle ».[109] C'est au danger d'une déformation de la conscience que Jésus fait allusion quand il donne cet avertissement: « La lampe du corps, c'est l'œil; si donc ton œil est sain, ton corps tout entier sera lumineux. Mais si ton œil est malade, ton corps tout entier sera ténébreux. Si donc

---

[108] Cf. S. Thomas d'Aquin, *De Veritate,* q. 17, a. 4.
[109] Conc. Œcum. Vat. II, Const. past. *Gaudium et spes,* n. 16.

la lumière qui est en toi est ténèbres, quelles ténèbres! » (*Mt* 6, 22-23).

64. Dans les paroles de Jésus rappelées plus
haut, nous trouvons également l'appel à *former la
conscience* et à la rendre objet d'une conversion
continuelle à la vérité et au bien. Il faut lire de manière analogue l'exhortation de l'Apôtre à ne pas
se conformer à la mentalité de ce monde, mais à
se transformer en renouvelant notre jugement
(cf. *Rm* 12, 2). En réalité, c'est le « cœur » tourné
vers le Seigneur et vers l'amour du bien qui est la
source des jugements *vrais* de la conscience. En effet, « pour pouvoir discerner la volonté de Dieu,
ce qui est bon, ce qui lui plaît, ce qui est parfait »
(*Rm* 12, 2), la connaissance de la Loi de Dieu est
certes généralement nécessaire, mais elle n'est pas
suffisante: il est indispensable qu'il existe une
sorte de « *connaturalité* » *entre l'homme et le bien
véritable.*[110] Une telle connaturalité s'enracine et se
développe dans les dispositions vertueuses de
l'homme lui-même: la prudence et les autres vertus cardinales, et d'abord les vertus théologales de
foi, d'espérance et de charité. C'est en ce sens que
Jésus a dit: « Celui qui fait la vérité vient à la lumière » (*Jn* 3, 21).

Pour former leur conscience, les chrétiens
sont *grandement aidés par l'Église et par son Magistère,* ainsi que l'affirme le Concile: « Les fidèles
du Christ, pour se former la conscience, doivent
prendre en sérieuse considération la doctrine

---

[110] Cf. S. Thomas, *Somme théologique,* II-II, q. 45, a. 2.

sainte et certaine de l'Église. De par la volonté du Christ, en effet, l'Église catholique est maîtresse de vérité; sa fonction est d'exprimer et d'enseigner authentiquement la vérité qui est le Christ, en même temps que de déclarer et de confirmer, en vertu de son autorité, les principes de l'ordre moral découlant de la nature même de l'homme ».[111] L'autorité de l'Église, qui se prononce sur les questions morales, ne lèse donc en rien la liberté de conscience des chrétiens: d'une part, la liberté de conscience n'est jamais une liberté affranchie « de » la vérité, mais elle est toujours et seulement « dans » la vérité; et, d'autre part, le Magistère ne fournit pas à la conscience chrétienne des vérités qui lui seraient étrangères, mais il montre au contraire les vérités qu'elle devrait déjà posséder en les déployant à partir de l'acte premier de la foi. L'Église se met toujours et uniquement *au service de la conscience,* en l'aidant à ne pas être ballottée à tout vent de doctrine au gré de l'imposture des hommes (cf. *Ep* 4, 14), à ne pas dévier de la vérité sur le bien de l'homme, mais, surtout dans les questions les plus difficiles, à atteindre sûrement la vérité et à demeurer en elle.

---

[111] Déclar. *Dignitatis humanæ,* n. 14.

III. Le choix fondamental et les comportements concrets

« Que cette liberté ne donne pas prétexte à satisfaire la chair » (Ga 5, 13)

65. L'intérêt que l'on accorde de manière particulièrement vive aujourd'hui à la liberté conduit de nombreux spécialistes, dans les sciences humaines ou théologiques, à développer une analyse plus pénétrante de sa nature et de ses dynamismes. On relève à juste titre que la liberté ne consiste pas seulement à choisir telle ou telle action particulière; mais elle est, au centre de tels choix, une *décision sur soi* et une façon de conduire sa vie pour ou contre le Bien, pour ou contre la Vérité, en dernier ressort pour ou contre Dieu. On a raison de souligner l'importance primordiale de certains choix qui donnent « forme » à toute la vie morale d'un homme et constituent comme un cadre dans lequel pourront se situer et se développer d'autres choix quotidiens particuliers.

Certains auteurs, toutefois, proposent une révision bien plus radicale du *rapport entre la personne et ses actes.* Ils parlent d'une « liberté fondamentale », plus profonde que la liberté de choix et distincte d'elle; sans la prendre en considération, on ne pourrait ni comprendre ni évaluer correctement les actes humains. D'après ces auteurs, *dans la vie morale, le rôle-clé* serait à attribuer à une « option fondamentale », mise en œuvre par la liberté fondamentale grâce à laquelle la personne décide pour elle-même de manière globale, non par un choix précis, conscient et réfléchi, mais de manière « transcendantale » et « athématique ». Les *actes particuliers* qui découlent de cette option ne constitueraient que des tentatives partielles et jamais déterminantes pour l'exprimer; ils n'en seraient que les « signes » ou les symptômes.

L'objet immédiat de ces actes, dit-on, n'est pas le bien absolu — face auquel la liberté de la personne s'exprimerait à un niveau transcendantal — mais ce sont les biens particuliers —, ou encore « catégoriels ». Or, d'après l'opinion de quelques théologiens, aucun de ces biens, partiels par nature, ne pourrait déterminer la liberté de l'homme comme personne dans son intégralité, même si ce n'était que par leur réalisation ou par leur refus que l'homme pouvait exprimer son option fondamentale.

On en vient ainsi à introduire une *distinction entre l'option fondamentale et les choix délibérés de comportements concrets,* distinction qui, chez certains auteurs, prend la forme d'une *dissociation,* lorsqu'ils réservent expressément les notions de « bien » et de « mal » moral à la dimension transcendantale propre à l'option fondamentale, qualifiant de « justes » ou de « fautifs » les choix des comportements particuliers « intramondains » qui concernent les relations de l'homme avec lui-même, avec les autres et avec le monde des choses. Il semble ainsi que se dessine, à l'intérieur de l'agir humain, une scission entre deux niveaux de moralité: d'une part, l'ordre du bien et du mal, qui dépend de la volonté, et, d'autre part, les comportements déterminés, qui ne sont jugés moralement justes ou fautifs qu'en fonction d'un calcul technique du rapport entre biens et maux « pré-moraux » ou « physiques », conséquences effectives de l'action. On en arrive au point qu'un comportement concret, même librement choisi, est considéré comme un processus purement physique et non selon les critères propres de l'acte humain. Dès lors, on réserve la qualification proprement morale de la personne à l'option fondamentale, en ne l'appliquant ni totalement ni partiellement au choix des actes particuliers et des comportements concrets.

66.   Il n'est pas douteux que la doctrine morale chrétienne, par ses racines bibliques, reconnaît l'importance particulière d'un choix fondamental qui qualifie la vie morale et qui engage radicalement la liberté devant Dieu. Il s'agit du *choix de la foi,* de *l'obéissance de la foi* (cf. *Rm* 16, 26), « par laquelle l'homme s'en remet tout entier et librement à Dieu dans "un complet hommage d'intelligence et de volonté" ».[112] Cette « foi, opérant par la charité » (*Ga* 5, 6), vient du centre de l'homme, de son « cœur » (cf. *Rm* 10, 10), et elle est appelée, à partir de là, à fructifier dans les œuvres (cf. *Mt* 12, 33-35; *Lc* 6, 43-45; *Rm* 8, 5-8; *Ga* 5, 22). Dans le Décalogue, on trouve, en tête des différents commandements, l'expression fondamentale: « Je suis le Seigneur, ton Dieu... » (*Ex* 20, 2)

---

[112] Conc. Œcum. Vat. II, Const. dogm. *Dei Verbum,* n. 5; cf. Conc. Œcum. Vat. I, Const. dogm. *Dei Filius,* ch. 3: *DS,* n. 3008.

qui, donnant leur sens authentique aux prescriptions particulières, multiples et variées, confère à la morale de l'Alliance sa cohérence, son unité et sa profondeur. Le choix fondamental d'Israël concerne alors le commandement fondamental (cf. *Jos* 24, 14-25; *Ex* 19, 3-8; *Mi* 6, 8). La morale de la Nouvelle Alliance est, elle aussi, dominée par l'appel fondamental de Jésus à venir à sa « suite » — ainsi qu'il le dit au jeune homme: « Si tu veux être parfait... viens et suis-moi » (*Mt* 19, 21) —: à cet appel, le disciple répond par une décision et un choix radicaux. Les paraboles évangéliques du trésor et de la perle précieuse, pour laquelle on vend tout ce qu'on possède, sont des images parlantes et vivantes du caractère radical et inconditionnel du choix qu'exige le Royaume de Dieu. Le caractère absolu du choix de suivre Jésus est admirablement exprimé par ses paroles: « Qui veut sauver sa vie la perdra, mais qui perdra sa vie à cause de moi et de l'Évangile la sauvera » (*Mc* 8, 35).

L'appel de Jésus, « viens et suis-moi », montre le haut degré de liberté accordé à l'homme et, en même temps, il atteste la vérité et la nécessité des actes de foi et des décisions dont on peut dire qu'elles relèvent de l'option fondamentale. Dans les paroles de saint Paul, nous trouvons une semblable exaltation de la liberté humaine: « Vous, mes frères, vous avez été appelés à la liberté » (*Ga* 5, 13). Mais l'Apôtre ajoute immédiatement un sérieux avertissement: « Seulement, que cette liberté ne donne pas prétexte à satisfaire la chair ». On entend ici l'écho de ce qu'il avait dit plus haut:

« C'est pour que nous restions libres que le Christ nous a libérés. Donc tenez bon et ne vous remettez pas sous le joug de l'esclavage » (*Ga* 5, 1). L'Apôtre Paul nous invite à la vigilance: la liberté est toujours soumise à la menace de l'esclavage. Et c'est justement le moment de faire un acte de foi — au sens d'une option fondamentale — qui soit distinct du choix des actes particuliers, pour reprendre les opinions évoquées plus haut.

67.   Ces opinions contredisent donc l'enseignement biblique lui-même qui conçoit l'option fondamentale comme un choix véritable de la liberté et qui établit un lien étroit entre ce choix et les actes particuliers. Par son choix fondamental, l'homme est capable d'orienter sa vie et de tendre, avec l'aide de la grâce, vers sa fin, en suivant l'appel divin. Mais cette capacité s'exerce effectivement dans les choix particuliers d'actes déterminés, par lesquels l'homme se conforme délibérément à la volonté, à la sagesse et à la Loi de Dieu. Il faut donc affirmer que *ce qu'on appelle l'option fondamentale, dans la mesure où elle se distingue d'une intention générale* et par conséquent non encore déterminée de manière à faire prendre à la liberté une forme qui l'engage, *est toujours mise en œuvre grâce à des choix conscients et libres. C'est précisément pourquoi elle est récusée lorsque l'homme engage sa liberté par des choix conscients qui s'y opposent, en matière moralement grave.*

Séparer option fondamentale et comportements concrets revient à contredire l'intégrité substantielle ou l'unité personnelle de l'agent moral, corps et âme. Si une option fondamentale fait abstraction des potentialités qu'elle met en action et des déterminations qui l'expriment, elle ne rend pas justice à la finalité rationnelle immanente à l'agir de l'homme et à chacun de ses choix délibérés. En réalité, la moralité des actes humains ne se déduit pas seulement de l'intention, de l'orientation ou de l'option fondamentale, entendue au sens d'une intention qui ne comporte pas d'engagements bien déterminés ou qui ne serait pas suivie d'un effort réel dans les divers domaines où doit s'exercer la vie morale. On ne peut juger de la moralité, dès lors qu'on omet de vérifier si le choix délibéré d'un comportement concret est conforme ou contraire à la dignité et à la vocation intégrale de la personne humaine. Tout choix implique toujours une référence de la volonté délibérée aux biens et aux maux présentés par la loi naturelle comme des biens à rechercher et des maux à éviter. Si l'on considère les préceptes moraux positifs, la prudence doit toujours vérifier leur pertinence dans une situation déterminée, en tenant compte, par exemple, d'autres devoirs peut-être plus importants ou plus urgents. Mais les préceptes moraux négatifs, c'est-à-dire ceux qui interdisent certains actes ou comportements concrets comme intrinsèquement mauvais, n'admettent aucune exception légitime; ils ne laissent aucun espace moralement acceptable pour « créer » une quelconque détermination contraire. Une fois reconnue dans les faits la qualification morale d'une action interdite par une règle universelle, le seul acte moralement bon consiste à obéir à la loi morale et à éviter l'action qu'elle interdit.

68.   Il faut ajouter une importante considération pastorale. Dans la logique des positions mentionnées plus haut, l'homme pourrait, en vertu d'une option fondamentale, rester fidèle à Dieu, indépendamment de la conformité ou de la non-conformité de certains de ses choix et de ses actes délibérés avec les normes ou les règles morales spécifiques. En raison d'une option première pour la charité, l'homme pourrait demeurer moralement bon, persévérer dans la grâce de Dieu, gagner son salut, même si certains de ses comportements concrets étaient délibérément et gravement contraires aux commandements de Dieu, toujours enseignés par l'Église.

En réalité, l'homme ne se perd pas seulement par l'infidélité à l'option fondamentale, grâce à laquelle il s'est remis « tout entier et librement à Dieu ».[113] Avec chaque péché mortel commis de manière délibérée, il offense Dieu qui a donné la Loi et il se rend donc coupable à l'égard de la Loi tout entière (cf. *Jc* 2, 8-11); tout en restant dans la foi, il perd la « grâce sanctifiante », la « charité » et la « béatitude éternelle ».[114] « La grâce de la justification, enseigne le Concile de Trente, une fois reçue, peut être perdue non seulement par l'infidélité,

---

[113] CONC. ŒCUM. VAT. II, Const. dogm. *Dei Verbum*, n. 5; cf. S. CONGRÉGATION POUR LA DOCTRINE DE LA FOI, Déclar. *Persona humana* (29 décembre 1975), n. 10: *AAS* 68 (1976), pp. 88-90.
[114] Cf. Exhort. apost. post-synodale *Reconciliatio et pænitentia* (2 décembre 1984), n. 17: *AAS* 77 (1985), pp. 218-223.

qui fait perdre la foi elle- même, mais aussi par tout autre péché mortel ».[115]

Péché mortel et péché véniel.

69.   Les considérations sur l'option fondamentale ont conduit certains théologiens, comme on vient de le faire observer, à soumettre à une profonde révision même la distinction traditionnelle entre péchés *mortels* et péchés *véniels*. Ces théologiens soulignent que l'opposition à la Loi de Dieu, qui fait perdre la grâce sanctifiante — et qui, si l'on meurt en cet état de péché, provoque la condamnation éternelle —, ne peut être le fruit que d'un acte qui engage la personne tout entière, c'est-à-dire un acte d'option fondamentale. D'après eux, le péché mortel, qui sépare l'homme de Dieu, ne se produirait que par le refus de Dieu, posé à un niveau de la liberté qui ne peut être identifié avec un choix délibéré ni accompli en toute connaissance de cause. En ce sens, ajoutent-ils, il est difficile, au moins psychologiquement, d'admettre le fait qu'un chrétien qui veut rester uni à Jésus Christ et à son Église puisse si facilement et si fréquemment commettre des péchés mortels, comme le montrerait, parfois, la « matière » même de ses actes. Il serait également difficile d'admettre que l'homme soit capable, dans un court laps de temps, de briser radicalement son lien de communion avec Dieu et, par la suite, de retourner vers Lui dans un esprit de pé-

---

[115] Session VI, Décret *Cum hoc tempore,* ch. 15: *DS,* n. 1544; can. 19: *DS,* n. 1569.

nitence sincère. Il faut donc, dit-on, évaluer la gravité du péché en regardant le degré d'engagement de la liberté de la personne qui commet un acte plutôt que la matière de cet acte.

70. L'exhortation apostolique post-synodale *Reconciliatio et pænitentia* a redit l'importance et l'actualité permanente de la distinction entre péchés mortels et péchés véniels, selon la tradition de l'église. Et le Synode des Évêques de 1983, dont est issue cette exhortation, n'a pas « seulement réaffirmé ce qui avait été proclamé par le Concile de Trente sur l'existence et la nature de péchés *mortels* et *véniels,* mais il a voulu rappeler qu'est *péché mortel* tout péché qui a pour objet une matière grave et qui, de plus, est commis en pleine conscience et de consentement délibéré ».[116]

La déclaration du Concile de Trente ne considère pas seulement la « matière grave » du péché mortel, mais elle rappelle aussi, comme condition nécessaire de son existence, « la pleine conscience et le consentement délibéré ». Du reste, en théologie morale comme dans la pratique pastorale, on sait bien qu'il existe des cas où un acte, grave en raison de sa matière, ne constitue pas un péché mortel, car il y manque la pleine connaissance ou le consentement délibéré de celui qui le commet. D'autre part, « on devra éviter de réduire le péché mortel à l'acte qui exprime une *"option fondamentale"* contre Dieu », suivant l'expression courante

---

[116] Exhort. apost. post-synodale *Reconciliatio et pænitentia* (2 décembre 1984), n. 17: *AAS* 77 (1985), p. 221.

actuellement, en entendant par là un mépris formel et explicite de Dieu et du prochain ou bien un refus implicite et inconscient de l'amour. « Il y a, en fait, péché mortel également quand l'homme choisit, consciemment et volontairement, pour quelque raison que ce soit, quelque chose de gravement désordonné. En effet, un tel choix comprend par lui-même un mépris de la Loi divine, un refus de l'amour de Dieu pour l'humanité et pour toute la création: l'homme s'éloigne de Dieu et perd la charité. *L'orientation fondamentale peut donc être radicalement modifiée par des actes particuliers.* Sans aucun doute, il peut y avoir des situations très complexes et obscures sur le plan psychologique, qui ont une incidence sur la responsabilité subjective du pécheur. Mais, de considérations d'ordre psychologique, on ne peut passer à la constitution d'une catégorie théologique, comme le serait précisément l'"option fondamentale", entendue de telle manière que, sur le plan objectif, elle changerait ou mettrait en doute la conception traditionnelle du péché mortel ».[117]

Ainsi, la dissociation de l'option fondamentale et des choix délibérés de comportements déterminés — désordonnés en eux-mêmes ou du fait des circonstances — qui ne la mettraient pas en cause, entraîne la méconnaissance de la doctrine catholique sur le péché mortel: « Avec toute la tradition de l'Église, nous appelons *péché mortel* l'acte par lequel un homme, librement et consciemment, refuse Dieu, sa Loi, l'alliance d'amour que Dieu lui

[117] *Ibid.: l.c.,* p. 223.

propose, préférant se tourner vers lui-même, vers quelque réalité créée et finie, vers quelque chose de contraire à la volonté de Dieu (*conversio ad creaturam*). Cela peut se produire d'une manière directe et formelle, comme dans les péchés d'idolâtrie, d'apostasie, d'athéisme; ou, d'une manière qui revient au même, comme dans toutes les désobéissances aux commandements de Dieu en matière grave ».[118]

IV. L'ACTE MORAL

Téléologie et téléologisme

71.   La relation entre la liberté de l'homme et la Loi de Dieu, qui se réalise de façon profonde et vivante dans la conscience morale, se manifeste et se concrétise dans les *actes humains*. C'est précisément par ses actes que l'homme se perfectionne en tant qu'homme, appelé à chercher spontanément son Créateur et à atteindre, en adhérant à lui librement, la pleine et bienheureuse perfection.[119]

Les actes humains sont des *actes moraux* parce qu'ils expriment et déterminent la bonté ou la malice de l'homme qui les accomplit.[120] Ils ne produisent pas seulement un changement d'état d'éléments extérieurs à l'homme, mais, en tant que délibérément choisis, ils qualifient moralement la

---

[118] *Ibid.: l.c.,* p. 222.
[119] Cf. CONC. ŒCUM. VAT. II, Const. past. *Gaudium et spes,* n. 17.
[120] Cf. S. THOMAS D'AQUIN, *Somme théologique,* I-II, q. 1, a. 3: « *Idem sunt actus morales et actus humani* ».

personne qui les accomplit et ils en expriment la *physionomie spirituelle profonde,* comme le note de façon suggestive saint Grégoire de Nysse: « Tous les êtres soumis au devenir ne demeurent jamais identiques à eux-mêmes, mais ils passent continuellement d'un état à un autre par un changement qui opère toujours en bien ou en mal [...]. Or, être sujet au changement, c'est naître continuellement [...]. Mais ici la naissance ne vient pas d'une intervention étrangère, comme c'est le cas pour les êtres corporels [...]. Elle est le résultat d'un choix libre et *nous sommes* ainsi, en un sens, *nos propres parents,* nous créant nous-mêmes tels que nous voulons être, et, par notre volonté, nous façonnant selon le modèle que nous choisissons ».[121]

72.   La *moralité des actes* est définie par la relation entre la liberté de l'homme et le bien authentique. Ce bien est établi comme Loi éternelle, par la Sagesse de Dieu qui ordonne tout être à sa fin: cette Loi éternelle est connue autant grâce à la raison naturelle de l'homme (et ainsi, elle est « loi naturelle »), que, de manière intégrale et parfaite, grâce à la révélation surnaturelle de Dieu (elle est alors appelée « Loi divine »). L'agir est moralement bon quand les choix libres *sont conformes au vrai bien de l'homme* et manifestent ainsi l'orientation volontaire de la personne vers sa fin ultime, à savoir Dieu lui-même: le bien suprême, dans lequel l'homme trouve son bonheur plénier et parfait. La question initiale du dialogue entre le jeune

---

[121] *Vie de Moïse,* II, 2-3: *PG* 44, 327-328: *SC* 1 ter, pp. 106-109.

homme et Jésus: « Que dois-je faire de bon pour avoir la vie éternelle? » (*Mt* 19, 16) met immédiatement en évidence *le lien essentiel entre la valeur morale d'un acte et la fin ultime de l'homme*. Dans sa réponse, Jésus corrobore la conviction de son interlocuteur: l'accomplissement d'actes bons, exigés par Celui qui « seul est le Bon », constitue la condition indispensable et la voie de la béatitude éternelle: « Si tu veux entrer dans la vie, observe les commandements » (*Mt* 19, 17). La réponse de Jésus et la référence aux commandements manifestent aussi que la voie qui mène à cette fin est marquée par le respect des lois divines qui sauvegardent le bien humain. *Seul l'acte conforme au bien peut être la voie qui conduit à la vie.*

Ordonner rationnellement l'acte humain vers le bien dans sa vérité et rechercher volontairement ce bien, appréhendé par la raison, cela constitue la moralité. Par conséquent, l'agir humain ne peut pas être estimé moralement bon seulement parce qu'il convient pour atteindre tel ou tel but recherché, ou simplement parce que l'intention du sujet est bonne.[122] L'agir est moralement bon lorsqu'il indique et manifeste que la personne s'ordonne volontairement à sa fin ultime et que l'action concrète est conforme au bien humain tel qu'il est reconnu dans sa vérité par la raison. Si l'objet de l'action concrète n'est pas en harmonie avec le vrai bien de la personne, le choix de cette action rend notre volonté et notre être même moralement

[122] Cf. S. Thomas d'Aquin, *Somme théologique,* II-II, q. 148, a. 3.

mauvais, et il nous met donc en contradiction avec notre fin ultime, le Bien suprême, à savoir Dieu lui-même.

73.   Par la Révélation de Dieu et par la foi, le chrétien connaît la « nouveauté » dont est marquée la moralité de ses actes; ceux-ci sont appelés à exprimer la conformité ou la non-conformité avec la dignité et la vocation qui lui ont été données par la grâce; en Jésus Christ et dans son Esprit, le chrétien est une « créature nouvelle », fils de Dieu, et, par ses actes, il manifeste sa ressemblance ou sa dissemblance avec l'image du Fils qui est « l'aîné d'une multitude de frères » (*Rm* 8, 29), il vit dans la fidélité ou dans l'infidélité au don de l'Esprit, et il s'ouvre ou se ferme à la vie éternelle, à la communion dans la vision, dans l'amour et dans la béatitude avec Dieu Père, Fils et Esprit Saint.[123] Le Christ « nous façonne à son image — écrit saint Cyrille d'Alexandrie —, au point de faire briller en nous les traits caractéristiques de sa nature divine grâce à la sanctification, à la justice et à la rectitude d'une vie conforme à la vertu [...]. Ainsi, la beauté de l'incomparable image resplendit sur nous qui sommes dans le

---

[123] Dans la Constitution pastorale *Gaudium et spes,* le Concile Vatican II précise: « Et cela ne vaut pas seulement pour ceux qui croient au Christ, mais bien pour les hommes de bonne volonté, dans le cœur desquels, invisiblement, agit la grâce. En effet, puisque le Christ est mort pour tous et que la vocation dernière de l'homme est réellement unique, à savoir divine, nous devons tenir que l'Esprit Saint offre à tous, d'une façon que Dieu connaît, la possibilité d'être associés au mystère pascal » (n. 22).

Christ et qui devenons des hommes de bien par nos œuvres ».[124]

En ce sens, la vie morale possède un *caractère « téléologique »* fondamental, car elle consiste dans l'orientation délibérée des actes humains vers Dieu, bien suprême et fin (*telos*) ultime de l'homme. De nouveau, la question du jeune homme à Jésus l'atteste: « Que dois-je faire de bon pour avoir la vie éternelle? » Mais cette orientation vers la fin ultime n'est pas une dimension subjective qui dépend seulement de l'intention. Elle présuppose que des actes puissent être ordonnés, par eux-mêmes, à cette fin, en tant qu'ils sont conformes à l'authentique bien moral de l'homme, préservé par les commandements. C'est ce que rappelle Jésus dans sa réponse au jeune homme: « Si tu veux entrer dans la vie, observe les commandements » (*Mt* 19, 17).

Ce doit être évidemment une orientation rationnelle et libre, consciente et délibérée, en vertu de laquelle l'homme est « responsable » de ses actes et soumis au jugement de Dieu, juge juste et bon qui récompense le bien et châtie le mal, comme nous le rappelle l'Apôtre Paul: « Car il nous faudra tous apparaître à découvert devant le tribunal du Christ, pour que chacun reçoive ce qu'il a mérité, soit en bien soit en mal, pendant qu'il était dans son corps » (*2 Co* 5, 10).

---

[124] *Tractatus ad Tiberium Diaconum II. Responsiones ad Tiberium Diaconum sociosque suos:* S. CYRILLE D'ALEXANDRIE, *In D. Johannis Evangelium,* III, éd. Philip Edward Pusey, Bruxelles, Culture et Civilisation (1965), p. 590.

74.   Mais de quoi la qualification morale de l'agir libre de l'homme dépend-elle? Par quoi cette *orientation des actes humains* est-elle assurée? Par l'intention du sujet qui agit, par les *circonstances* — et en particulier par les conséquences — de son agir, ou par *l'objet* même de son acte?

C'est là ce qu'on appelle traditionnellement le problème des « sources de la moralité ». Précisément face à ce problème, ces dernières décennies, se sont manifestées, ou répétées, de nouvelles orientations culturelles et théologiques qui exigent un sérieux discernement de la part du Magistère de l'Église.

Certaines *théories éthiques,* appelées « *téléologiques* », se montrent attentives à la conformité des actes humains avec les fins poursuivies par l'agent et avec les valeurs qu'il admet. Les critères pour évaluer la pertinence morale d'une action sont obtenus par *la pondération des biens* moraux ou pré-moraux à atteindre et des valeurs correspondantes non morales ou pré-morales à respecter. Pour certains, le comportement concret serait juste, ou erroné, selon qu'il pourrait, ou ne pourrait pas, conduire à un état de fait meilleur pour toutes les personnes concernées: le comportement serait juste dans la mesure où il entraînerait le maximum de biens et le minimum de maux.

De nombreux moralistes catholiques qui suivent cette orientation entendent garder leurs distances avec l'utilitarisme et avec le pragmatisme, théories pour lesquelles la moralité des actes humains serait à juger sans faire référence à la véritable fin ultime de l'homme. A juste titre, ils se rendent compte de la nécessité de trouver des argumentations rationnelles toujours plus cohérentes pour justifier les exigences et fonder les normes de la vie morale. Cette recherche est légitime et nécessaire, du moment que l'ordre moral fixé par la loi naturelle est par définition accessible à la raison humaine. Au demeurant, c'est une recherche qui correspond aux exigences du dialogue et de la collaboration avec les non-catholiques et les non-croyants, particulièrement dans les sociétés pluralistes.

75.   Mais, tout en s'efforçant d'élaborer une telle morale rationnelle — parfois appelée à ce titre « morale autonome » —, on rencontre de *fausses solutions, liées en particulier à une compréhension inadéquate de l'objet de l'agir moral. Certains* ne prennent pas suffisamment en considération le fait que la volonté est impliquée dans les choix concrets qu'elle opère: ces derniers déterminent sa bonté morale et son orientation vers la fin ultime de la personne. *D'autres* s'inspirent d'une conception de la liberté qui fait abstraction des conditions effectives de son exercice, de sa référence objective à la vérité sur le bien et de sa détermination par des choix de comportements concrets. Ainsi, selon ces théories, la volonté libre ne serait ni moralement soumise à des obligations déterminées, ni formée par ses choix, bien que restant responsable de ses actes et de leurs conséquences. Ce « *téléologisme* », en tant que méthode de découverte de la norme morale, peut alors — selon des terminologies et des approches emprun-

tées à divers courants de pensée — recevoir le nom de « *conséquentialisme* » ou de « *proportionnalisme* ». Le premier entend définir les critères de la justesse d'un agir déterminé à partir du seul calcul des conséquences prévisibles de l'exécution d'un choix. Le second, qui pondère entre eux les valeurs de ces actes et les biens poursuivis, s'intéresse plutôt à la proportion qu'il reconnaît entre leurs effets bons et leurs effets mauvais, en vue du « plus grand bien » ou du « moindre mal » réellement possibles dans une situation particulière.

Les théories éthiques téléologiques (proportionnalisme, conséquentialisme), tout en reconnaissant que les valeurs morales sont indiquées par la raison et par la Révélation, considèrent qu'on ne peut jamais formuler une interdiction absolue de comportements déterminés qui seraient en opposition avec ces valeurs, en toute circonstance et dans toutes les cultures. Le sujet agissant aurait certes le devoir d'atteindre les valeurs recherchées, mais sous un double aspect: en effet, les valeurs ou les biens engagés dans un acte humain seraient, d'une part *d'ordre moral* (au regard des valeurs proprement morales comme l'amour de Dieu, la charité à l'égard du prochain, la justice, etc.), et d'autre part *d'ordre pré-moral,* appelé non-moral, physique ou ontique (en regard des avantages ou à des inconvénients causés à celui qui agit ou à d'autres personnes impliquées à un moment ou à un autre, comme par exemple la santé ou son altération, l'intégrité physique, la vie, la mort, la perte des biens matériels, etc.). Dans un monde où le bien serait toujours mêlé au mal et tout effet bon lié à d'autres effets mauvais, la moralité de l'acte serait jugée de manière différenciée: sa « bonté » morale à partir de l'intention du sujet rapportée aux biens moraux, et sa « rectitude », à partir de la prise en compte des effets ou des conséquences prévisibles et de leurs proportions. En conséquence, les comportements concrets seraient à évaluer comme « justes » ou « erronés », sans que pour autant il soit possible de qualifier comme moralement « bonne » ou « mauvaise » la volonté de la personne qui les choisit. En ce sens, un acte qui, placé en contradiction avec une norme négative universelle, viole directement des biens considérés comme prémoraux, pourrait être qualifié comme moralement admissible si l'intention du sujet se concentrait, selon une pondération « responsable » des biens impliqués dans l'action concrète, sur la valeur morale jugée décisive dans les circonstances.

L'évaluation des conséquences de l'action, en fonction de la proportion de l'acte avec ses effets et de la proportion des effets les uns par rapport aux autres, ne concernerait que l'ordre pré-moral. La spécificité morale des actes, c'est-à-dire de leur bonté ou de leur malice, serait exclusivement déterminée par la fidélité de la personne aux valeurs les plus hautes de la charité et de la prudence, sans que cette fidélité soit nécessairement incompatible avec des choix contraires à certains préceptes moraux particuliers. Même en matière grave, ces derniers préceptes devraient être considérés comme des normes opératives, toujours relatives et susceptibles d'exceptions.

Dans cette perspective, consentir délibérément à certains comportements déclarés illicites par la morale traditionnelle n'impliquerait pas une malice morale objective.

L'objet de l'acte délibéré

76.   Ces théories peuvent acquérir une certaine force de persuasion par leur affinité avec la mentalité scientifique, préoccupée à juste titre d'ordonner les activités techniques et économiques en fonction du calcul des ressources et des profits, des procédés et des effets. Elles veulent libérer des contraintes d'une morale de l'obligation, volontariste et arbitraire, qui se révélerait inhumaine.

De semblables théories ne sont cependant pas fidèles à la doctrine de l'Église, puisqu'elles croient pouvoir justifier, comme moralement bons, des choix délibérés de comportements contraires aux commandements de la Loi divine et de la loi naturelle. Ces théories ne peuvent se réclamer de la tradition morale catholique: s'il est vrai que celle-ci a vu se développer une casuistique attentive à pondérer les plus grandes possibilités de faire le bien dans certaines situations concrètes, il n'en demeure pas moins vrai que cette façon de voir ne concernait que les cas où la loi était douteuse et qu'elle ne remettait donc pas en cause la validité absolue des préceptes moraux négatifs qui obligent sans exception. Les fidèles sont tenus de reconnaître et de respecter les préceptes moraux

121

spécifiques déclarés et enseignés par l'Église au nom de Dieu, Créateur et Seigneur.[125] Quand l'Apôtre Paul résume l'accomplissement de la Loi dans le précepte d'aimer son prochain comme soi-même (cf. *Rm* 13, 8-10), il n'atténue pas les commandements, mais il les confirme, puisqu'il en révèle les exigences et la gravité. *L'amour de Dieu et l'amour du prochain sont inséparables de l'observance des commandements de l'Alliance,* renouvelée dans le sang de Jésus Christ et dans le don de l'Esprit. C'est justement l'honneur des chrétiens d'obéir à Dieu plutôt qu'aux hommes (cf. *Ac* 4, 19; 5, 29) et, pour cela, d'accepter même le martyre, comme l'ont fait des saints et des saintes de l'Ancien et du Nouveau Testament, reconnus tels pour avoir donné leur vie plutôt que d'accomplir tel ou tel geste particulier contraire à la foi ou à la vertu.

77.   Pour donner les critères rationnels d'une juste décision morale, les théories mentionnées tiennent compte de l'*intention* et des *conséquences* de l'action humaine. Il faut certes prendre en grande considération l'intention — comme le rappelle Jésus avec une insistance particulière dans une opposition ouverte aux scribes et aux pharisiens, qui prescrivaient minutieusement certaines œuvres extérieures sans tenir compte du cœur (cf. *Mc* 7, 20-21; *Mt* 15, 19) —, et aussi les biens

---

[125] Cf. CONC. ŒCUM. DE TRENTE, Sess. VI, Décret *Cum hoc tempore*, can. 19: *DS*, n. 1569. Voir aussi: CLÉMENT XI, Const. *Unigenitus Dei Filius* (8 septembre 1713) contre les erreurs de Pasquier Quesnel, nn. 53-56: *DS*, nn. 2453-2456.

obtenus et les maux évités à la suite d'un acte particulier. Il s'agit d'une exigence de responsabilité. Mais la considération de ces conséquences — et également des intentions — n'est pas suffisante pour évaluer la qualité morale d'un choix concret. La pondération des biens et des maux, comme conséquences prévisibles d'une action, n'est pas une méthode adéquate pour déterminer si le choix de ce comportement concret est, « selon son espèce » ou « en soi-même », moralement bon ou mauvais, licite ou illicite. Les conséquences prévisibles appartiennent aux circonstances de l'acte, qui, si elles peuvent modifier la gravité d'un acte mauvais, ne peuvent cependant pas en changer l'aspect moral.

Du reste, chacun connaît la difficulté — ou mieux l'impossibilité — d'apprécier toutes les conséquences et tous les effets bons ou mauvais — dits pré-moraux — de ses propres actes: faire un calcul rationnel exhaustif n'est pas possible. Comment faire alors pour établir des proportions qui dépendent d'une évaluation dont les critères restent obscurs? De quelle manière pourrait se justifier une obligation absolue sur des calculs aussi discutables?

78.   *La moralité de l'acte humain dépend avant tout et fondamentalement de l'objet raisonnablement choisi par la volonté délibérée,* comme le montre d'ailleurs la pénétrante analyse, toujours valable, de saint Thomas.[126] Pour pouvoir saisir l'objet qui

---

[126] Cf. *Somme théologique,* I-II, q. 18, a. 6.

spécifie moralement un acte, il convient donc de se situer *dans la perspective de la personne qui agit.* En effet, l'objet de l'acte du vouloir est un comportement librement choisi. En tant que conforme à l'ordre de la raison, il est cause de la bonté de la volonté, il nous perfectionne moralement et nous dispose à reconnaître notre fin ultime dans le bien parfait, l'amour originel. Par objet d'un acte moral déterminé, on ne peut donc entendre un processus ou un événement d'ordre seulement physique, à évaluer selon qu'il provoque un état de choses déterminé dans le monde extérieur. Il est la fin prochaine d'un choix délibéré qui détermine l'acte du vouloir de la personne qui agit. En ce sens, comme l'enseigne le *Catéchisme de l'Église catholique,* « il y a des comportements concrets qu'il est toujours erroné de choisir parce que leur choix comporte un désordre de la volonté, c'est-à-dire un mal moral ».[127] « Souvent — écrit l'Aquinate —, l'homme agit avec une intention droite, mais cela ne lui sert de rien, car la bonne volonté lui manque; comme si, par exemple, quelqu'un vole pour nourrir un pauvre, son intention assurément est droite, mais il lui manque la rectitude de la volonté, qui fait que la rectitude d'intention n'excuse jamais une mauvaise action. "Comme certains nous accusent outrageusement de le dire, devrions-nous faire le mal pour qu'en sorte le bien? Ceux-là méritent leur propre condamnation" (*Rm* 3, 8) ».[128]

---

[127] *Catéchisme de l'Église catholique,* n. 1761.
[128] *In duo præcepta caritatis et in decem legis præcepta. De dilectione Dei: Opuscula theologica,* II, n. 1168: Turin, Marietti (1954), p. 250.

La raison pour laquelle la bonne intention ne suffit pas mais pour laquelle il convient de faire le choix juste des œuvres réside dans le fait que l'acte humain dépend de son objet, c'est-à-dire de la *possibilité* ou non *d'ordonner* celui-ci à Dieu, à Celui qui « seul est le Bon », et ainsi réalise la perfection de la personne. En conséquence, l'acte est bon si son objet est conforme au bien de la personne dans le respect des biens moralement importants pour elle. L'éthique chrétienne, qui privilégie l'attention à l'objet moral, ne refuse pas de considérer la « téléologie » intrinsèque de l'agir, en tant qu'orientée vers la promotion du vrai bien de la personne, mais elle reconnaît que ce bien n'est réellement poursuivi que si les éléments essentiels de la nature humaine sont respectés. L'acte humain, bon selon son objet, peut être aussi ordonné à la fin ultime. Et cet acte accède à sa perfection ultime et décisive quand la volonté l'ordonne effectivement à Dieu par la charité. En ce sens, le Patron des moralistes et des confesseurs enseigne: « Il ne suffit pas de faire des œuvres bonnes, mais il faut les faire bien. Afin que nos œuvres soient bonnes et parfaites, il est nécessaire de les faire dans le seul but de plaire à Dieu ».[129]

Le « mal intrinsèque »: il n'est pas licite de faire le mal en vue du bien (cf. *Rm* 3, 8)

79.   *Il faut donc repousser la thèse* des théories téléologiques et proportionnalistes *selon laquelle il*

---

[129] S. Alphonse-Marie de Liguori, *Manière d'aimer Jésus Christ*, VII, 3.

serait impossible de qualifier comme moralement mauvais selon son genre — son « objet » — le choix délibéré de certains comportements ou de certains actes déterminés, en les séparant de l'intention dans laquelle le choix a été fait ou de la totalité des conséquences prévisibles de cet acte pour toutes les personnes concernées.

L'élément primordial et décisif pour le jugement moral est l'objet de l'acte de l'homme, lequel décide si son acte peut être *orienté au bien et à la fin ultime, qui est Dieu.* Cette orientation est trouvée par la raison dans l'être même de l'homme, entendu dans sa vérité intégrale, donc dans ses inclinations naturelles, dans ses dynamismes et dans ses finalités qui ont toujours aussi une dimension spirituelle: c'est exactement le contenu de la loi naturelle, et donc l'ensemble organique des « biens pour la personne » qui se mettent au service du « bien de la personne », du bien qui est la personne elle-même et sa perfection. Ce sont les biens garantis par les commandements, lesquels, selon saint Thomas, contiennent toute la loi naturelle.[130]

80.   Or, la raison atteste qu'il peut exister des objets de l'acte humain qui se présentent comme « ne pouvant être ordonnés » à Dieu, parce qu'ils sont en contradiction radicale avec le bien de la personne, créée à l'image de Dieu. Ce sont les actes qui, dans la tradition morale de l'Église, ont été appelés « intrinsèquement mauvais » (*intrin-*

---

[130] Cf. *Somme théologique*, I-II, q. 100, a. 1.

sece malum): ils le sont toujours et en eux-mêmes, c'est-à-dire en raison de leur objet même, indépendamment des intentions ultérieures de celui qui agit et des circonstances. De ce fait, sans aucunement nier l'influence que les circonstances, et surtout les intentions, exercent sur la moralité, l'Église enseigne « qu'il y a des actes qui, par eux-mêmes et en eux-mêmes, indépendamment des circonstances, sont toujours gravement illicites, en raison de leur objet ».[131] Dans le cadre du respect dû à la personne humaine, le Concile Vatican II lui-même donne un ample développement au sujet de ces actes: « Tout ce qui s'oppose à la vie elle-même, comme toute espèce d'homicide, le génocide, l'avortement, l'euthanasie et même le suicide délibéré; tout ce qui constitue une violation de l'intégrité de la personne humaine, comme les mutilations, la torture physique ou morale, les contraintes psychologiques; tout ce qui est offense à la dignité de l'homme, comme les conditions de vie sous-humaines, les emprisonnements arbitraires, les déportations, l'esclavage, la prostitution, le commerce des femmes et des jeunes; ou encore les conditions de travail dégradantes qui réduisent les travailleurs au rang de purs instruments de rapport, sans égard pour leur personnalité libre et respon-

---

[131] Exhort. apost. post-synodale *Reconciliatio et pænitentia* (2 décembre 1984), n. 17: *AAS* 77 (1985), p. 221. Cf. PAUL VI, Allocution aux membres du Chapitre général de la Congrégation des Rédemptoristes (septembre 1967): *AAS* 59 (1967), p. 962: « On doit éviter d'induire les fidèles à penser différemment, comme si, après le Concile, certains comportements, que précédemment l'Église avait déclarés intrinsèquement mauvais, étaient aujourd'hui permis. Qui ne voit qu'il en découle un *relativisme moral* déplorable, qui pourrait facilement rendre discutable tout le patrimoine de la doctrine de l'Église? »

sable: toutes ces pratiques et d'autres analogues sont, en vérité, infâmes. Tandis qu'elles corrompent la civilisation, elles déshonorent ceux qui s'y livrent plus encore que ceux qui les subissent et insultent gravement l'honneur du Créateur ».[132]

Sur les actes intrinsèquement mauvais, et en référence aux pratiques contraceptives par lesquelles l'acte conjugal est rendu intentionnellement infécond, Paul VI enseigne: « En vérité, s'il est parfois licite de tolérer un moindre mal moral afin d'éviter un mal plus grand ou de promouvoir un bien plus grand, il n'est pas permis, même pour de très graves raisons, de faire le mal afin qu'il en résulte un bien (cf. *Rm* 3, 8), c'est-à-dire de prendre comme objet d'un acte positif de la volonté ce qui est intrinsèquement un désordre et par conséquent une chose indigne de la personne humaine, même avec l'intention de sauvegarder ou de promouvoir des biens individuels, familiaux ou sociaux ».[133]

81.   En montrant l'existence d'actes intrinsèquement mauvais, l'Église reprend la doctrine de l'Écriture Sainte. L'Apôtre Paul l'affirme catégoriquement: « Ne vous y trompez pas! Ni impudiques, ni idolâtres, ni adultères, ni dépravés, ni gens de mœurs infâmes, ni voleurs, ni cupides, pas plus qu'ivrognes, insulteurs ou rapaces, n'hériteront du Royaume de Dieu » (*1 Co* 6, 9-10).

Si les actes sont intrinsèquement mauvais,

---

[132] Const. past. *Gaudium et spes,* n. 27.
[133] Encycl. *Humanæ vitæ* (25 juillet 1968), n. 14: *AAS* 60 (1968), pp. 490-491.

une intention bonne ou des circonstances particulières peuvent en atténuer la malice, mais ne peuvent pas la supprimer. Ce sont des actes « irrémédiablement » mauvais; par eux-mêmes et en eux-mêmes, ils ne peuvent être ordonnés à Dieu et au bien de la personne: « Quant aux actes qui sont par eux-mêmes des péchés (*cum iam opera ipsa peccata sunt*) — écrit saint Augustin —, comme le vol, la fornication, les blasphèmes, ou d'autres actes semblables, qui oserait affirmer que, accomplis pour de bonnes raisons (*causis bonis*), ils ne seraient pas des péchés ou, conclusion encore plus absurde, qu'ils seraient des péchés justifiés? »[134]

De ce fait, les circonstances ou les intentions ne pourront jamais transformer un acte intrinsèquement malhonnête de par son objet en un acte « subjectivement » honnête ou défendable comme choix.

82. En outre, l'intention est bonne quand elle s'oriente vers le vrai bien de la personne en vue de sa fin ultime. Mais les actes dont l'objet « ne peut être ordonné » à Dieu et est « indigne de la personne humaine » s'opposent toujours et dans tous les cas à ce bien. Dans ce sens, le respect des normes qui interdisent ces actes et qui obligent *semper et pro semper,* c'est-à-dire sans aucune exception, non seulement ne limite pas la bonne in-

---

[134] *Contra mendacium,* VII, 18: *PL* 40, 528; cf. S. Thomas d'Aquin, *Quæstiones quodlibetales,* IX, q. 7, a. 2; *Catéchisme de l'Église catholique,* nn. 1753-1755.

tention, mais constitue vraiment son expression fondamentale.

La doctrine de l'objet, source de la moralité, constitue une explicitation authentique de la morale biblique de l'Alliance et des commandements, de la charité et des vertus. La qualité morale de l'agir humain dépend de cette fidélité aux commandements, expression d'obéissance et d'amour. C'est pour cette raison, nous le répétons, qu'il faut repousser comme erronée l'opinion qui considère qu'il est impossible de qualifier moralement comme mauvais selon son genre le choix délibéré de certains comportements ou actes déterminés, en faisant abstraction de l'intention pour laquelle le choix est fait ou de la totalité des conséquences prévisibles de cet acte pour toutes les personnes concernées. Sans cette *détermination rationnelle de la moralité de l'agir humain,* il serait impossible d'affirmer un « ordre moral objectif »[135] et d'établir une quelconque norme déterminée du point de vue du contenu, qui obligerait sans exception; et ce au préjudice de la fraternité humaine et de la vérité sur le bien, ainsi qu'au détriment de la communion ecclésiale.

83.   Comme on le voit, dans la question de la moralité des actes humains, et en particulier dans celle de l'existence des actes intrinsèquement mauvais, se focalise en un certain sens *la question même de l'homme,* de sa *vérité* et des conséquences morales qui en découlent. En reconnaissant et en en-

---

[135] Conc. Œcum. Vat. II, Déclar. *Dignitatis humanæ,* n. 7.

seignant l'existence du mal intrinsèque dans des actes humains déterminés, l'Église reste fidèle à la vérité intégrale sur l'homme, et donc elle respecte l'homme et le promeut dans sa dignité et dans sa vocation. En conséquence, elle doit repousser les théories exposées ci-dessus qui s'inscrivent en opposition avec cette vérité.

Cependant, Frères dans l'épiscopat, nous ne devons pas nous contenter d'admonester les fidèles sur les erreurs et sur les dangers de certaines théories éthiques. Il nous faut, avant tout, faire apparaître la splendeur fascinante de cette vérité qui est Jésus Christ lui-même. En Lui, qui est la Vérité (cf. *Jn* 14, 6), l'homme peut comprendre pleinement et vivre parfaitement, par ses actes bons, sa vocation à la liberté dans l'obéissance à la Loi divine, qui se résume dans le commandement de l'amour de Dieu et du prochain. Cela se réalise par le don de l'Esprit Saint, Esprit de vérité, de liberté et d'amour: en Lui, il nous est donné d'intérioriser la Loi, de la percevoir et de la vivre comme le dynamisme de la vraie liberté personnelle: cette Loi est « la Loi parfaite de la liberté » (*Jc* 1, 25).

CHAPITRE III

« POUR QUE NE SOIT PAS RÉDUITE À NÉANT LA CROIX DU CHRIST » (*1 Co* 1, 17)

LE BIEN MORAL POUR LA VIE DE L'ÉGLISE ET DU MONDE

« C'est pour que nous restions libres que le Christ nous a libérés » (*Ga* 5, 1)

84. Le *problème fondamental* que les théories morales évoquées plus haut posent avec une particulière insistance est celui du rapport entre la liberté de l'homme et la Loi de Dieu; en dernier ressort, c'est le problème du *rapport entre la liberté et la vérité.*

Selon la foi chrétienne et la doctrine de l'Église, « seule la liberté qui se soumet à la Vérité conduit la personne humaine à son vrai bien. Le bien de la personne est d'être dans la Vérité et de faire la Vérité ».[136]

La confrontation de la position de l'Église avec la situation sociale et culturelle actuelle met immédiatement en évidence l'urgence qu'il y a, *pour l'Église elle-même,* de mener *un intense travail*

---

[136] Discours aux participants du Congrès international de théologie morale (10 avril 1986), n. 1: *Insegnamenti* IX, 1 (1986), p. 970.

pastoral précisément *sur cette question fondamentale:* « Ce lien essentiel entre vérité-bien-liberté a été perdu en grande partie par la culture contemporaine; aussi, amener l'homme à le redécouvrir est aujourd'hui une des exigences propres de la mission de l'Église, pour le salut du monde. La question de Pilate "qu'est-ce que la vérité?", jaillit aujourd'hui aussi de la perplexité désolée d'un homme qui ne sait plus *qui il est, d'où* il vient et *où* il va. Et alors nous assistons souvent à la chute effrayante de la personne humaine dans des situations d'autodestruction progressive. A vouloir écouter certaines voix, il semblerait que l'on ne doive plus reconnaître le caractère absolu et indestructible d'aucune valeur morale. Tous ont sous les yeux le mépris pour la vie humaine déjà conçue et non encore née; la violation permanente de droits fondamentaux de la personne; l'injuste destruction des biens nécessaires à une vie simplement humaine. Et même, il est arrivé quelque chose de plus grave: l'homme n'est plus convaincu que c'est seulement dans la vérité qu'il peut trouver le salut. La force salvifique du vrai est contestée et l'on confie à la seule liberté, déracinée de toute objectivité, la tâche de décider de manière autonome de ce qui est bien et de ce qui est mal. Ce relativisme devient, dans le domaine théologique, un manque de confiance dans la sagesse de Dieu qui guide l'homme par la loi morale. A ce que la loi morale prescrit, on oppose ce que l'on appelle des situations concrètes, en ne croyant plus, au fond, que la Loi de Dieu soit *toujours* l'unique vrai bien de l'homme ».[137]

85. Le travail de discernement par l'Église de ces théories éthiques ne se limite pas à les dénoncer ou à les réfuter, mais, positivement, il vise à soutenir avec beaucoup d'amour tous les fidèles pour la formation d'une conscience morale qui porte des jugements et conduit à des décisions selon la vérité, ainsi qu'y exhorte l'Apôtre Paul: « Ne vous modelez pas sur le monde présent, mais que le renouvellement de votre jugement vous transforme et vous fasse discerner la volonté de Dieu, ce qui est bon, ce qui lui plaît, ce qui est parfait » (*Rm* 12, 2). Cette tâche de l'Église s'appuie — et c'est là son « secret » constitutif — non seulement sur les énoncés doctrinaux et les appels pastoraux à la vigilance mais plutôt sur *le regard porté constamment sur le Seigneur Jésus.* Comme le jeune homme de l'Évangile, l'Église tourne chaque jour son regard vers le Christ avec un amour inlassable, pleinement consciente que la réponse véritable et définitive au problème moral ne se trouve qu'en lui.

En particulier, c'est *en Jésus crucifié qu'elle trouve la réponse* à la question qui tourmente tant d'hommes aujourd'hui: comment l'obéissance aux normes morales universelles et immuables peut-elle respecter le caractère unique et irremplaçable de la personne, et ne pas attenter à sa liberté et à sa dignité? L'Église fait sienne la conscience que

---

[137] *Ibid.,* n. 2: *l.c.,* pp. 970-971.

l'Apôtre Paul avait de sa mission: « Le Christ...
m'a envoyé... annoncer l'Évangile, et cela sans la
sagesse du langage, pour que ne soit pas réduite à
néant la Croix du Christ... Nous proclamons,
nous, un Christ crucifié, scandale pour les Juifs et
folie pour les païens, mais pour ceux qui sont
appelés, Juifs et Grecs, c'est le Christ, puissance
de Dieu et sagesse de Dieu » (*1 Co* 1, 17.23-24).
*Le Christ crucifié révèle le sens authentique de la li-
berté, il le vit en plénitude par le don total de
lui-même* et il appelle ses disciples à participer à sa
liberté même.

86.　La réflexion rationnelle et l'expérience
quotidienne montrent la faiblesse qui affecte la liberté de l'homme. C'est une liberté véritable, mais
finie: elle n'a pas sa source absolue et incondi-
tionnée en elle-même, mais dans l'existence dans
laquelle elle se situe et qui, pour elle, constitue à la
fois des limites et des possibilités. C'est la liberté
d'une créature, c'est-à-dire un don, qu'il faut accueillir comme un germe et qu'il faut faire mûrir
de manière responsable. Elle est constitutive de
l'image d'être créé qui fonde la dignité de la personne: en elle, se retrouve la vocation originelle
par laquelle le Créateur appelle l'homme au Bien
véritable, et, plus encore, par la révélation du
Christ, il l'appelle à entrer en amitié avec Lui en
participant à sa vie divine elle-même. La liberté
est possession inaliénable de soi en même temps

qu'ouverture universelle à tout ce qui existe, par la sortie de soi vers la connaissance et l'amour de l'autre.[138] Elle s'enracine donc dans la vérité de l'homme et elle a pour fin la communion.

La raison et l'expérience ne disent pas seulement la faiblesse de la liberté humaine, mais aussi son drame. L'homme découvre que sa liberté est mystérieusement portée à trahir son ouverture au Vrai et au Bien et que, trop souvent, il préfère, en réalité, choisir des biens finis, limités et éphémères. Plus encore, dans ses erreurs et dans ses choix négatifs, l'homme perçoit l'origine d'une révolte radicale qui le porte à refuser la Vérité et le Bien pour s'ériger en principe absolu de soi : « Vous serez comme Dieu » (*Gn* 3, 5). *La liberté a donc besoin d'être libérée. Le Christ en est le libérateur :* il « nous a libérés pour que nous restions libres » (*Ga* 5, 1).

87.   Le Christ nous révèle avant tout que la condition de la liberté authentique est de reconnaître la *vérité* honnêtement et avec ouverture d'esprit : « Vous connaîtrez la vérité et la vérité vous libérera » (*Jn* 8, 32).[139] C'est la vérité qui rend libre face au pouvoir et qui donne la force du martyre. Il en est ainsi pour Jésus devant Pilate : « Je ne suis né, et je ne suis venu dans le monde, que pour rendre témoignage à la vérité » (*Jn* 18, 37). De même, les vrais adorateurs de Dieu

---

[138] Cf. CONC. ŒCUM. VAT. II, Const. past. *Gaudium et spes,* n. 24.
[139] Cf. Encycl. *Redemptor hominis* (4 mars 1979), n. 12 : *AAS* 71 (1979), pp. 280-281.

doivent l'adorer « en esprit et en vérité » (*Jn* 4, 23): *ils deviennent libres par cette adoration.* En Jésus Christ, l'attachement à la vérité et l'adoration de Dieu se présentent comme les racines les plus intimes de la liberté.

En outre, Jésus révèle, par sa vie même et non seulement par ses paroles, que la liberté s'accomplit dans *l'amour,* c'est-à-dire dans le *don de soi.* Lui qui dit: « Nul n'a plus grand amour que celui-ci: donner sa vie pour ses amis » (*Jn* 15, 13) marche librement vers sa Passion (cf. *Mt* 26, 46) et, dans son obéissance au Père, il livre sa vie sur la Croix pour tous les hommes (cf. *Ph* 2, 6-11). La contemplation de Jésus crucifié est donc la voie royale sur laquelle l'Église doit avancer chaque jour si elle veut comprendre tout le sens de la liberté: le don de soi dans *le service de Dieu et de ses frères.* Et la communion avec le Seigneur crucifié et ressuscité est la source intarissable à laquelle l'Église puise sans cesse pour vivre librement, se donner et servir. En commentant ce verset du Psaume 100/99 « servez le Seigneur dans l'allégresse », saint Augustin dit: « Dans la maison du Seigneur, l'esclavage est libre. L'esclavage est libre, lorsque ce n'est pas la contrainte mais la charité qui sert... Que la charité te rende esclave, puisque la vérité t'a rendu libre... Tu es en même temps esclave et homme libre: esclave, car tu l'es devenu; homme libre, car tu es aimé de Dieu, ton Créateur; bien plus, tu es libre parce que tu aimes ton Créateur... Tu es l'esclave du Seigneur, l'affranchi du Seigneur. Ne cherche pas à être libéré en t'éloignant de la maison de ton libérateur! ».[140] Ainsi l'Église, et tout chrétien en elle, est appelée à participer au *munus regale* du Christ en Croix (cf. *Jn* 12, 32), à la grâce et à la responsabilité du Fils de l'homme qui « n'est pas venu pour être servi, mais pour servir et pour donner sa vie en rançon pour une multitude » (*Mt* 20, 28).[141]

Jésus est donc la synthèse vivante et personnelle de la liberté parfaite dans l'obéissance totale à la volonté de Dieu. Son corps crucifié est la pleine révélation du lien indissoluble entre la liberté et la vérité, de même que sa résurrection des morts est la suprême exaltation de la fécondité et de la force salvifique d'une liberté vécue dans la vérité.

Marcher dans la lumière (cf. *1 Jn* 1, 7)

88.   L'opposition et même la séparation radicale entre la liberté et la vérité sont la conséquence, la manifestation et le résultat *d'une dichotomie plus grave et plus néfaste, celle qui dissocie la foi de la morale.*

Cette dissociation constitue l'une des préoccupations pastorales les plus vives de l'Église devant le processus actuel de sécularisation, selon lequel des hommes nombreux, trop nombreux, pensent et vivent « comme si Dieu n'existait pas ». Nous nous trouvons en présence d'une mentalité

---

[140] *Enarratio in Psalmum XCIX*, 7: *CCL* 39, 1397.
[141] Cf. CONC. ŒCUM. VAT. II, Const. dogm. *Lumen gentium*, n. 36; cf. Encycl. *Redemptor hominis* (4 mars 1979), n. 21: *AAS* 71 (1979), pp. 316-317.

qui affecte, souvent de manière profonde, ample et très répandue, les attitudes et les comportements des chrétiens eux-mêmes, dont la foi est affaiblie et perd son originalité de critère nouveau d'interprétation et d'action pour l'existence personnelle, familiale et sociale. En réalité, dans le contexte d'une culture largement déchristianisée, les critères de jugement et de choix retenus par les croyants eux-mêmes se présentent souvent comme étrangers ou même opposés à ceux de l'Évangile.

Il est alors urgent que les chrétiens redécouvrent *la nouveauté de leur foi et la force qu'elle donne au jugement* par rapport à la culture dominante et envahissante: « Jadis vous étiez ténèbres — nous avertit l'Apôtre Paul —, mais à présent vous êtes lumière dans le Seigneur; conduisez-vous en enfants de lumière; car le fruit de la lumière consiste en toute bonté, justice et vérité. Discernez ce qui plaît au Seigneur, et ne prenez aucune part aux œuvres stériles des ténèbres; dénoncez-les plutôt... Ainsi, prenez bien garde à votre conduite; qu'elle soit celle non d'insensés, mais de sages, qui tirent bon parti de la période présente; car nos temps sont mauvais » (*Ep 5*, 8-11.15-16; cf. *1 Th 5*, 4-8).

Il faut retrouver et présenter à nouveau le vrai visage de la foi chrétienne qui n'est pas seulement un ensemble de propositions à accueillir et à ratifier par l'intelligence. Au contraire, c'est une connaissance et une expérience du Christ, une mémoire vivante de ses commandements, une *vérité à vivre*. Du reste, une parole n'est vraiment accueillie que lorsqu'elle est appliquée dans les actes, lorsqu'elle est mise en pratique. La foi est une décision qui engage toute l'existence. Elle est une rencontre, un dialogue, une communion d'amour et de vie du croyant avec Jésus Christ, Chemin, Vérité et Vie (cf. *Jn* 14, 6). Elle implique un acte de confiance et d'abandon au Christ, et elle nous permet de vivre comme il a vécu (cf. *Ga* 2, 20), c'est-à-dire dans le plus grand amour de Dieu et de nos frères.

89.   La foi a aussi un contenu moral: elle est source et exigence d'un engagement cohérent de la vie; elle comporte et perfectionne l'accueil et l'observance des commandements divins. Comme l'écrit l'évangéliste Jean, « Dieu est Lumière, en lui point de ténèbres. Si nous disons que nous sommes en communion avec lui alors que nous marchons dans les ténèbres, nous mentons, nous ne faisons pas la vérité... A ceci nous savons que nous le connaissons: si nous gardons ses commandements. Qui dit: "Je le connais", alors qu'il ne garde pas ses commandements, est un menteur, et la vérité n'est pas en lui. Mais celui qui garde sa parole, c'est en lui vraiment que l'amour de Dieu est accompli. A cela nous savons que nous sommes en lui. Celui qui prétend demeurer en lui doit se conduire à son tour comme celui-là s'est conduit » (*1 Jn* 1, 5-6; 2, 3-6).

Par la vie morale, la foi devient « confession », non seulement devant Dieu, mais aussi devant les hommes: elle se fait *témoignage*. « Vous êtes la lumière du monde — a dit Jésus. Une ville ne se peut cacher, qui est sise au sommet d'un mont. Et l'on n'allume pas une lampe pour la mettre sous le boisseau, mais bien sur le lampadaire, où elle brille pour tous ceux qui sont dans la maison. Ainsi votre lumière doit-elle briller devant les hommes afin qu'ils voient vos bonnes œuvres et glorifient votre Père qui est dans les cieux » (*Mt* 5, 14-16). Ces œuvres sont surtout celles de la charité (cf. *Mt* 25, 31-46) et de la liberté authentique qui se manifeste et vit par le don de soi. *Jusqu'au don total de soi,* comme l'a fait Jésus qui, sur la Croix, « a aimé l'Église et s'est livré pour elle » (*Ep* 5, 25). Le témoignage du Christ est source, modèle et appui pour le témoignage du disciple, appelé à prendre la même route: « Si quelqu'un veut venir à ma suite, qu'il se renie lui-même, qu'il se charge de sa croix chaque jour, et qu'il me suive » (*Lc* 9, 23). La charité, selon les exigences du radicalisme évangélique, peut amener le croyant au témoignage suprême du martyre. Et cela, toujours en suivant l'exemple de Jésus qui meurt sur la Croix: « Cherchez à imiter Dieu, comme des enfants bien-aimés — écrit Paul aux chrétiens d'Éphèse —, et suivez la voie de l'amour, à l'exemple du Christ qui nous a aimés et s'est livré pour nous, s'offrant à Dieu en sacrifice d'agréable odeur » (*Ep* 5, 1-2).

Le martyre, exaltation de la sainteté inviolable de la Loi de Dieu

90.   Le rapport entre la foi et la morale resplendit de tout son éclat dans *le respect inconditionnel dû aux exigences absolues de la dignité personnelle de*

tout homme, exigences soutenues par les normes morales interdisant sans exception tous les actes intrinsèquement mauvais. L'universalité et l'immutabilité de la norme morale manifestent et protègent en même temps la dignité personnelle, c'est-à-dire l'inviolabilité de l'homme sur qui brille la splendeur de Dieu (cf. *Gn* 9, 5-6).

Le fait du martyre chrétien, qui a toujours accompagné et accompagne encore la vie de l'Église, confirme de manière particulièrement éloquente le caractère inacceptable des théories éthiques, qui nient l'existence de normes morales déterminées et valables sans exception.

91.   Dans l'Ancienne Alliance, nous rencontrons déjà d'admirables témoignages d'une fidélité à la Loi sainte de Dieu, poussée jusqu'à l'acceptation volontaire de la mort. L'histoire de *Suzanne* est exemplaire à cet égard: aux deux juges iniques qui menaçaient de la faire mourir si elle avait refusé de céder à leur passion impure, elle répondit: « Me voici traquée de toutes parts: si je cède, c'est pour moi la mort, si je résiste, je ne vous échapperai pas. Mais mieux vaut pour moi tomber innocente entre vos mains que de pécher à la face du Seigneur! » (*Dn* 13, 22-23). Suzanne, qui préférait « tomber innocente » entre les mains des juges témoigne non seulement de sa foi et de sa confiance en Dieu, mais aussi de son obéissance à la vérité et à l'absolu de l'ordre moral: par sa disponibilité au martyre, elle proclame qu'il n'est pas juste de faire ce que la Loi de Dieu qualifie

comme mal pour en retirer un bien quel qu'il soit. Elle choisit pour elle-même la « meilleure part »: un témoignage tout à fait limpide, sans aucun compromis, rendu à la vérité sur le bien et au Dieu d'Israël; elle montre ainsi, par ses actes, la sainteté de Dieu.

Au seuil du Nouveau Testament, *Jean Baptiste,* se refusant à taire la Loi du Seigneur et à se compromettre avec le mal, « a donné sa vie pour la justice et la vérité »,[142] et il fut ainsi précurseur du Messie jusque dans le martyre (cf. *Mc* 6, 17-29). C'est pourquoi « il est enfermé dans l'obscurité d'un cachot, lui qui était venu rendre témoignage à la lumière et qui avait mérité d'être appelé flambeau ardent de la lumière par la Lumière elle-même qui est le Christ [...]. Par son propre sang est baptisé celui à qui fut donné de baptiser le Rédempteur du monde ».[143]

Dans la Nouvelle Alliance, on rencontre de nombreux témoignages de *disciples du Christ* — à commencer par le diacre Étienne (cf. *Ac* 6, 8 à 7, 60) et par l'Apôtre Jacques (cf. *Ac* 12, 1-2) — qui sont morts martyrs pour confesser leur foi et leur amour du Maître et pour ne pas le renier. Ils ont ainsi suivi le Seigneur Jésus qui, devant Caïphe et Pilate, « a rendu son beau témoignage » (*1 Tm* 6, 13), confirmant la vérité de son message par le don de sa vie. D'autres innombrables martyrs acceptèrent la persécution et la

---

[142] *Missale Romanum,* oraison de la Mémoire du Martyre de saint Jean Baptiste, 29 août.
[143] S. BÈDE LE VÉNÉRABLE, *Homeliarum Evangelii Libri,* II, 23: *CCL* 122, 556-557.

mort plutôt que d'accomplir le geste idolâtrique de brûler de l'encens devant la statue de l'empereur (cf. *Ap* 13, 7-10). Ils allèrent jusqu'à refuser de simuler ce culte, donnant ainsi l'exemple du devoir de s'abstenir même d'un seul acte concret contraire à l'amour de Dieu et au témoignage de la foi. Dans l'obéissance, comme le Christ lui-même, ils confièrent et remirent leur vie au Père, à celui qui pouvait les sauver de la mort (cf. *He* 5, 7).

L'Église propose l'exemple de nombreux *saints et saintes* qui ont rendu témoignage à la vérité morale et l'ont défendue jusqu'au martyre, préférant la mort à un seul péché mortel. En les élevant aux honneurs des autels, l'Église a canonisé leur témoignage et déclaré vrai leur jugement, selon lequel l'amour de Dieu implique obligatoirement le respect de ses commandements, même dans les circonstances les plus graves, et le refus de les transgresser, même dans l'intention de sauver sa propre vie.

92.   Dans le martyre vécu comme l'affirmation de l'inviolabilité de l'ordre moral, resplendissent en même temps la sainteté de la Loi de Dieu et l'intangibilité de la dignité personnelle de l'homme, créé à l'image et à la ressemblance de Dieu: il n'est jamais permis d'avilir ou de contredire cette dignité, même avec une intention bonne, quelles que soient les difficultés. Jésus nous en avertit avec la plus grande sévérité: « Que sert à l'homme de gagner le monde entier, s'il ruine sa propre vie? » (*Mc* 8, 36).

Le martyre dénonce comme illusoire et fausse toute « signification humaine » que l'on prétendrait attribuer, même dans des conditions « exceptionnelles », à l'acte en soi moralement mauvais; plus encore, il en dévoile clairement le véritable visage, celui d'une *violation de l'« humanité »* *de l'homme,* plus en celui qui l'accomplit qu'en celui qui le subit.[144] Le martyre est donc aussi l'exaltation de l'« humanité » parfaite et de la « vie » véritable de la personne, comme en témoigne saint Ignace d'Antioche quand il s'adresse aux chrétiens de Rome, le lieu de son martyre: « Pardonnez-moi, frères; ne m'empêchez pas de vivre, ne veuillez pas que je meure... Laissez-moi recevoir la pure lumière; quand je serai arrivé là, *je serai un homme.* Permettez-moi d'être un imitateur de la passion de mon Dieu ».[145]

93. Le martyre est enfin *signe éclatant de la sainteté de l'Église:* la fidélité à la Loi sainte de Dieu, à laquelle il est rendu témoignage au prix de la mort, est une proclamation solennelle et un engagement missionnaire *usque ad sanguinem* pour que la splendeur de la vérité morale ne soit pas obscurcie dans les mœurs et les mentalités des personnes et de la société. Un tel témoignage a une valeur extraordinaire en ce qu'il contribue, non seulement dans la société civile, mais aussi à l'intérieur des communautés ecclésiales elles-mêmes, à éviter que l'on ne sombre

---

[144] Cf. CONC. ŒCUM. VAT. II, Const. past. *Gaudium et spes,* n. 27.
[145] *Aux Romains,* VI, 2-3: *SC* 10 (1969), p. 115.

dans la crise la plus dangereuse qui puisse affecter l'homme: *la confusion du bien et du mal* qui rend impossible d'établir et de maintenir l'ordre moral des individus et des communautés. Les martyrs et, plus généralement, tous les saints de l'Église, par l'exemple éloquent et attirant d'une vie totalement transfigurée par la splendeur de la vérité morale, éclairent toutes les époques de l'histoire en y réveillant le sens moral. Rendant un témoignage sans réserve au bien, ils sont un vivant reproche pour ceux qui transgressent la loi (cf. *Sg* 2, 12) et ils donnent une constante actualité aux paroles du prophète: « Malheur à ceux qui appellent le mal bien et le bien mal, qui font des ténèbres la lumière et de la lumière les ténèbres, qui font de l'amer le doux et du doux l'amer » (*Is* 5, 20).

Si le martyre représente le sommet du témoignage rendu à la vérité morale, auquel relativement peu de personnes sont appelées, il n'en existe pas moins un témoignage cohérent que tous les chrétiens doivent être prêts à rendre chaque jour, même au prix de souffrances et de durs sacrifices. En effet, face aux nombreuses difficultés que la fidélité à l'ordre moral peut faire affronter même dans les circonstances les plus ordinaires, le chrétien est appelé, avec la grâce de Dieu implorée dans la prière, à un engagement parfois héroïque, soutenu par la vertu de force par laquelle — ainsi que l'enseigne saint Grégoire le Grand — il peut aller jusqu'à « aimer les difficultés de ce monde en vue des récompenses éternelles ».[146]

94.   Dans ce témoignage rendu au caractère absolu du bien moral, *les chrétiens ne sont pas seuls:* ils se trouvent confirmés par le sens moral des peuples et par les grandes traditions religieuses et sapientiales de l'Occident et de l'Orient, non sans une action intérieure et mystérieuse de l'Esprit de Dieu. Cette réflexion du poète latin Juvénal s'applique à tous: « Considère comme le plus grand des crimes de préférer sa propre vie à l'honneur et, pour l'amour de la vie physique, de perdre ses raisons de vivre ».[147] La voix de la conscience a toujours rappelé sans ambiguïté qu'il y a des vérités et des valeurs morales pour lesquelles on doit être disposé à donner jusqu'à sa vie. Dans les paroles qui défendent les valeurs morales et surtout dans le sacrifice de la vie pour les valeurs morales, l'Église reconnaît le témoignage rendu à cette vérité qui, déjà présente dans la création, resplendit en plénitude sur le visage du Christ: « Chaque fois — écrit saint Justin — que les adeptes des doctrines stoïciennes ont [...] fait preuve de sagesse dans leur discours moral à cause de la semence du Verbe présente dans tout le genre humain, ils ont été, nous le savons, haïs et mis à mort ».[148]

---

[146] *Moralia in Job,* VII, 21, 24: *PL* 75, 778.
[147] « Summum crede nefas animam præferre pudori / et propter vitam vivendi perdere causas »: *Satires,* VIII, 83-84.
[148] *Apologie* II, 8: *PG* 6, 457-458.

95.   La doctrine de l'Église et, en particulier, sa fermeté à défendre la validité universelle et permanente des préceptes qui interdisent les actes intrinsèquement mauvais est maintes fois comprise comme le signe d'une intolérable intransigeance, surtout dans les situations extrêmement complexes et conflictuelles de la vie morale de l'homme et de la société aujourd'hui, intransigeance qui contrasterait avec le caractère maternel de l'Église. Cette dernière, dit-on, manque de compréhension et de compassion. Mais, en réalité, le caractère maternel de l'Église ne peut jamais être séparé de la mission d'enseignement qu'elle doit toujours remplir en Épouse fidèle du Christ qui est la Vérité en personne: « Éducatrice, elle ne se lasse pas de proclamer la norme morale... L'Église n'est ni l'auteur ni l'arbitre d'une telle norme. Par obéissance à la Vérité qui est le Christ, dont l'image se reflète dans la nature et dans la dignité de la personne humaine, l'Église interprète la norme morale et la propose à tous les hommes de bonne volonté, sans en cacher les exigences de radicalisme et de perfection ».[149]

En réalité, la vraie compréhension et la compassion naturelle doivent signifier l'amour de la personne, de son bien véritable et de sa liberté authentique. Et l'on ne peut certes pas vivre un tel amour en dissimulant ou en affaiblissant la

---

[149] Exhort. apost. *Familiaris consortio* (22 novembre 1981), n. 33: *AAS* 74 (1982), p. 120.

vérité morale, mais en la proposant avec son sens profond de rayonnement de la Sagesse éternelle de Dieu, venue à nous dans le Christ, et avec sa portée de service de l'homme, de la croissance de sa liberté et de la recherche de son bonheur.[150]

En même temps, la présentation claire et vigoureuse de la vérité morale ne peut jamais faire abstraction du respect profond et sincère, inspiré par un amour patient et confiant, dont l'homme a toujours besoin au long de son cheminement moral rendu souvent pénible par des difficultés, des faiblesses et des situations douloureuses. L'Église, qui ne peut jamais renoncer au principe « de la vérité et de la cohérence, en vertu duquel [elle] n'accepte pas d'appeler bien ce qui est mal et mal ce qui est bien »,[151] doit toujours être attentive à ne pas briser le roseau froissé et à ne pas éteindre la mèche qui fume encore (cf. *Is* 42, 3). Paul VI a écrit: « Ne diminuer en rien la salutaire doctrine du Christ est une forme éminente de charité envers les âmes. Mais cela doit toujours être accompagné de la patience et de la bonté dont le Seigneur lui-même a donné l'exemple en traitant avec les hommes. Venu non pour juger, mais pour sauver (cf. *Jn* 3, 17), il fut certes intransigeant avec le mal, mais miséricordieux envers les personnes ».[152]

---

[150] Cf. *ibid.*, n. 34: *l.c.*, pp. 123-125.

[151] Exhort. apost. post-synodale *Reconciliatio et pænitentia* (2 décembre 1984), n. 34: *AAS* 77 (1985), p. 272.

[152] Encycl. *Humanæ vitæ* (25 juillet 1968), n. 29: *AAS* 60 (1968), p. 501.

96.   La fermeté de l'Église dans sa défense des normes morales universelles et immuables n'a rien d'humiliant. Elle ne fait que servir la vraie liberté de l'homme: du moment qu'il n'y a de liberté ni en dehors de la vérité ni contre elle, on doit considérer que la défense catégorique, c'est-à-dire sans édulcoration et sans compromis, des exigences de la dignité personnelle de l'homme auxquelles il est absolument impossible de renoncer est la condition et le moyen pour que la liberté existe.

Ce service est destiné à *tout homme,* considéré dans son être et son existence absolument uniques: l'homme ne peut trouver que dans l'obéissance aux normes morales universelles la pleine confirmation de son unité en tant que personne et la possibilité d'un vrai progrès moral. Précisément pour ce motif, ce service est destiné à *tous les hommes,* aux individus, mais aussi à la communauté et à la société comme telle. En effet, ces normes constituent le fondement inébranlable et la garantie solide d'une convivialité humaine juste et pacifique, et donc d'une démocratie véritable qui ne peut naître et se développer qu'à partir de l'égalité de tous ses membres, à parité de droits et de devoirs. *Par rapport aux normes morales qui interdisent le mal intrinsèque, il n'y a de privilège ni d'exception pour personne.* Que l'on soit le maître du monde ou le dernier des « misérables » sur la face de la terre, cela ne fait aucune différence: devant les exigences morales, nous sommes tous absolument égaux.

97. Ainsi apparaissent la *signification* et la *vigueur à la fois personnelle et sociale* des normes morales, et en premier lieu des normes négatives qui interdisent le mal: en protégeant la dignité personnelle inviolable de tout homme, elles servent à la conservation même du tissu social humain, à la rectitude et à la fécondité de son développement. En particulier, les commandements de la deuxième table du Décalogue, que Jésus rappelle aussi au jeune homme de l'Évangile (cf. *Mt* 19, 18), constituent les règles premières de toute vie sociale.

Ces commandements sont formulés en termes généraux. Mais le fait que « la personne humaine [...] est et doit être le principe, le sujet et la fin de toutes les institutions sociales »,[153] permet de les préciser et de les expliciter dans un code de comportement plus détaillé. En ce sens, les règles morales fondamentales de la vie sociale comportent des *exigences précises* auxquelles doivent se conformer aussi bien les pouvoirs publics que les citoyens. Au-delà des intentions, parfois bonnes, et des circonstances, souvent difficiles, les autorités civiles et les particuliers ne sont jamais autorisés à transgresser les droits fondamentaux et inaliénables de la personne humaine. C'est ainsi que seule une morale qui reconnaît des normes valables toujours et pour tous, sans aucune exception, peut garantir les fondements éthiques de la convivialité, au niveau national ou international.

[153] CONC. ŒCUM. VAT. II, Const. past. *Gaudium et spes*, n. 25.

La morale et le renouveau de la vie sociale et politique

98. Devant les formes graves d'injustice sociale et économique ou de corruption politique dont sont victimes des peuples et des nations entiers, s'élève la réaction indignée de très nombreuses personnes bafouées et humiliées dans leurs droits humains fondamentaux et se répand toujours plus vivement la conviction de *la nécessité d'un renouveau radical* personnel et social propre à assurer la justice, la solidarité, l'honnêteté et la transparence.

Le chemin à parcourir est assurément long et ardu; les efforts à accomplir sont nombreux et considérables afin de pouvoir mettre en œuvre ce renouveau, ne serait-ce qu'en raison de la multiplicité et de la gravité des causes qui provoquent et prolongent les situations actuelles d'injustice dans le monde. Mais, comme l'histoire et l'expérience de chacun l'enseignent, il n'est pas difficile de retrouver à la base de ces situations des causes à proprement parler « culturelles », c'est-à-dire liées à certaines conceptions de l'homme, de la société et du monde. En réalité, au cœur du *problème culturel,* il y a le *sens moral* qui, à son tour, se fonde et s'accomplit dans le *sens religieux.*[154]

99. Dieu seul, le Bien suprême, constitue la base inaltérable et la condition irremplaçable de la moralité, donc des commandements, et particuliè-

---

[154] Cf. Encycl. *Centesimus annus* (1ᵉʳ mai 1991), n. 24: *AAS* 83 (1991), pp. 821-822.

rement des commandements négatifs qui interdisent toujours et dans tous les cas les comportements et les actes incompatibles avec la dignité personnelle de tout homme. Ainsi le Bien suprême et le bien moral se rejoignent dans la *vérité*, la vérité de Dieu Créateur et Rédempteur et la vérité de l'homme créé et racheté par Lui. Ce n'est que sur cette vérité qu'il est possible de construire une société renouvelée et de résoudre les problèmes complexes et difficiles qui l'ébranlent, le premier d'entre eux consistant à surmonter les formes les plus diverses de *totalitarisme* pour ouvrir la voie à l'authentique *liberté* de la personne. « Le totalitarisme naît de la négation de la vérité au sens objectif du terme: s'il n'existe pas de vérité transcendante, par l'obéissance à laquelle l'homme acquiert sa pleine identité, dans ces conditions, il n'existe aucun principe sûr pour garantir des rapports justes entre les hommes. Leurs intérêts de classe, de groupe ou de nation les opposent inévitablement les uns aux autres. Si la vérité transcendante n'est pas reconnue, la force du pouvoir triomphe, et chacun tend à utiliser jusqu'au bout les moyens dont il dispose pour faire prévaloir ses intérêts ou ses opinions, sans considération pour les droits des autres... Il faut donc situer la racine du totalitarisme moderne dans la négation de la dignité transcendante de la personne humaine, image visible du Dieu invisible et, précisément pour cela, de par sa nature même, sujet de droits que personne ne peut violer, ni l'individu, ni le groupe, ni la classe, ni la nation, ni l'État. La majorité d'un corps social ne peut pas non plus le faire, en se dressant contre la minorité pour la marginaliser, l'opprimer, l'exploiter, ou pour tenter de l'anéantir ».[155]

C'est pourquoi le lien inséparable entre la vérité et la liberté — qui reflète le lien essentiel entre la sagesse et la volonté de Dieu — possède une signification extrêmement importante pour la vie des personnes dans le cadre socio-économique et socio-politique, comme cela ressort de la doctrine sociale de l'Église — laquelle « entre dans le domaine... de la théologie et particulièrement de la théologie morale »[156] — et de sa présentation des commandements qui règlent la vie sociale, économique et politique, en ce qui concerne non seulement les attitudes générales, mais aussi les comportements et les actes concrets précis et déterminés.

100.   De même, le *Catéchisme de l'Église catholique,* affirme que, « en matière économique, le respect de la dignité humaine exige la pratique de la vertu de *tempérance,* pour modérer l'attachement aux biens de ce monde; de la vertu de *justice,* pour préserver les droits du prochain et lui accorder ce qui lui est dû; et de la *solidarité,* suivant la règle d'or et selon la libéralité du Seigneur qui "de riche qu'il était s'est fait pauvre pour nous enrichir de sa pauvreté" (*2 Co* 8, 9) »;[157] il présente

---

[155] *Ibid.,* n. 44: *l.c.,* pp. 848-849. Cf. LÉON XIII, Encycl. *Libertas præstantissimum* (20 juin 1888): *Leonis XIII P.M. Acta,* VIII, Rome (1889), pp. 224-226.
[156] Encycl. *Sollicitudo rei socialis* (30 décembre 1987), n. 41: *AAS* 80 (1988), p. 571.
[157] *Catéchisme de l'Église catholique,* n. 2407.

ensuite une série de comportements et d'actes qui lèsent la dignité humaine: le vol, la détention délibérée de biens prêtés ou d'objets perdus, la fraude dans le commerce (cf. *Dt* 25, 13-16), les salaires injustes (cf. *Dt* 24, 14-15; *Jc* 5, 4), la hausse des prix en spéculant sur l'ignorance ou la détresse d'autrui (cf. *Am* 8, 4-6), l'appropriation et l'usage privé des biens sociaux d'une entreprise, les travaux mal faits, la fraude fiscale, la contrefaçon des chèques et des factures, les dépenses excessives, le gaspillage, etc. [158] Et encore: « Le septième commandement proscrit les actes ou entreprises qui, pour quelque raison que ce soit, égoïste ou idéologique, mercantile ou totalitaire, conduisent à *asservir des êtres humains,* à méconnaître leur dignité personnelle, à les acheter, à les vendre et à les échanger comme des marchandises. C'est un péché contre la dignité des personnes et leurs droits fondamentaux que de les réduire par la violence à une valeur d'usage ou à une source de profit. Saint Paul ordonnait à un maître chrétien de traiter son esclave chrétien "non plus comme un esclave, mais... comme un frère..., comme un homme, dans le Seigneur" (*Phm* 16) ». [159]

101.   Dans le domaine politique, on doit observer que la vérité dans les rapports entre gouvernés et gouvernants, la transparence dans l'administration publique, l'impartialité dans le service public, le respect des droits des adversaires politiques, la

[158] Cf. *ibid.*, nn. 2408-2413.
[159] *Ibid.*, n. 2414.

sauvegarde des droits des accusés face à des pro-
cès ou à des condamnations sommaires, l'usage
juste et honnête des fonds publics, le refus de
moyens équivoques ou illicites pour conquérir,
conserver et accroître à tout prix son pouvoir, sont
des principes qui ont leur première racine —
comme, du reste, leur particulière urgence —
dans la valeur transcendante de la personne et
dans les exigences morales objectives du fonctionnement des États.[160] Quand on ne les observe pas, le
fondement même de la convivialité politique fait
défaut et toute la vie sociale s'en trouve progressivement compromise, menacée et vouée à sa dé-
sagrégation (cf. *Ps* 14/13, 3-4; *Ap* 18, 2-3. 9-24).
Dans de nombreux pays, après la chute des idéologies qui liaient la politique à une conception totalitaire du monde — la première d'entre elles
étant le marxisme —, un risque non moins grave
apparaît aujourd'hui à cause de la négation des
droits fondamentaux de la personne humaine et à
cause de l'absorption dans le cadre politique de
l'aspiration religieuse qui réside dans le cœur de
tout être humain: c'est *le risque de l'alliance entre
la démocratie et le relativisme éthique* qui retire à la
convivialité civile toute référence morale sûre et la
prive, plus radicalement, de l'acceptation de la vérité. En effet, « s'il n'existe aucune vérité dernière
qui guide et oriente l'action politique, les idées et
les convictions peuvent être facilement exploitées
au profit du pouvoir. Une démocratie sans valeurs

<hr />

[160] Cf. Exhort. apost. post-synodale *Christifideles laici* (30 décembre
1988), n. 42: *AAS* 81 (1989), pp. 472-476.

se transforme facilement en un totalitarisme déclaré ou sournois, comme le montre l'histoire ».[161]

Dans tous les domaines de la vie personnelle, familiale, sociale et politique, la morale — qui est fondée sur la vérité et qui, dans la vérité, s'ouvre à la liberté authentique — rend donc un service original, irremplaçable et de très haute valeur, non seulement à la personne pour son progrès dans le bien, mais aussi à la société pour son véritable développement.

La grâce et l'obéissance à la Loi de Dieu

102.   Même dans les situations les plus difficiles, l'homme doit observer les normes morales par obéissance aux saints commandements de Dieu et en conformité avec sa dignité personnelle. Assurément l'harmonie entre la liberté et la vérité demande parfois des sacrifices hors du commun et elle se conquiert à grand prix, ce qui peut aller jusqu'au martyre. Mais, comme l'atteste l'expérience universelle et quotidienne, l'homme est tenté de rompre cette harmonie: « Je ne fais pas ce que je veux, mais je fais ce que je hais... Je ne fais pas le bien que je veux et commets le mal que je ne veux pas » (*Rm* 7, 15.19).

D'où provient, en fin de compte, cette division intérieure de l'homme? Celui-ci commence son histoire de pécheur lorsqu'il ne reconnaît plus le Seigneur comme son Créateur, et lorsqu'il veut décider par lui-même ce qui est bien et ce qui est

[161] Encycl. *Centesimus annus* (1er mai 1991), n. 46: *AAS* 83 (1991), p. 850.

mal, dans une indépendance totale. « Vous serez comme Dieu, connaissant le bien et le mal » (*Gn* 3, 5), c'est là la première tentation, à laquelle font écho toutes les autres, alors que l'homme est plus aisément enclin à y céder à cause des blessures de la chute originelle.

Mais on peut vaincre les tentations et l'on peut éviter les péchés, parce que, avec les commandements, le Seigneur nous donne la possibilité de les observer: « Ses regards sont tournés vers ceux qui le craignent, il connaît lui-même toutes les œuvres des hommes. Il n'a commandé à personne d'être impie, il n'a donné à personne licence de pécher » (*Si* 15, 19-20). Dans certaines situations, l'observation de la Loi de Dieu peut être difficile, très difficile, elle n'est cependant jamais impossible. C'est là un enseignement constant de la tradition de l'Église que le Concile de Trente exprime ainsi: « Personne, même justifié, ne doit se croire affranchi de l'observation des commandements. Personne ne doit user de cette formule téméraire et interdite sous peine d'anathème par les saints Pères que l'observation des commandements divins est impossible à l'homme justifié. "Car Dieu ne commande pas de choses impossibles, mais en commandant il t'invite à faire ce que tu peux et à demander ce que tu ne peux pas" et il t'aide à pouvoir. "Ses commandements ne sont pas pesants" (*1 Jn* 5, 3), "son joug est doux et son fardeau léger" (cf. *Mt* 11, 30) ».[162]

[162] Session VI, Décret *Cum hoc tempore*, ch. 11: *DS,* n. 1536; cf.

103.   L'espace spirituel de l'espérance est toujours ouvert pour l'homme, avec *l'aide de la grâce divine* et avec la *coopération de la liberté humaine.*

C'est dans la Croix salvifique de Jésus, dans le don de l'Esprit Saint, dans les sacrements qui naissent du côté transpercé du Rédempteur (cf. *Jn* 19, 34) que le croyant trouve la grâce et la force de toujours observer la Loi sainte de Dieu, même au milieu des plus graves difficultés. Comme le dit saint André de Crète: « En vivifiant la Loi par la grâce, Dieu a mis la loi au service de la grâce, dans un accord harmonieux et fécond, sans mêler à l'une ce qui appartient à l'autre, mais en transformant de manière vraiment divine ce qui était pénible, asservissant et insupportable, pour le rendre léger et libérateur ».[163]

Les possibilités « concrètes » de l'homme ne se trouvent que dans le mystère de la Rédemption du Christ. « Ce serait une très grave erreur que d'en conclure que la règle enseignée par l'Église est en elle même seulement un "idéal" qui doit ensuite être adapté, proportionné, gradué, en fonction, dit-on, des possibilités concrètes de l'homme, selon un "équilibrage des divers biens en question". Mais quelles sont les "possibilités concrètes de l'homme"? Et de *quel* homme parle-t-on? De l'homme *dominé* par la concupiscence ou bien de l'homme *racheté par le Christ?* Car c'est de cela qu'il s'agit: de la *réalité* de la Rédemption par le

can. 18: *DS,* n. 1568. Le célèbre passage de saint Augustin, cité par le Concile dans le texte rapporté, est tiré du *De natura et gratia,* 43, 50: *CSEL* 60, 270.
    [163] *Oratio* I: *PG* 97, 805-806.

Christ. *Le Christ nous a rachetés!* Cela signifie: il nous a donné la *possibilité* de réaliser *l'entière* vérité de notre être; il a libéré notre liberté *de la domination* de la concupiscence. Et si l'homme racheté pèche encore, cela est dû non pas à l'imperfection de l'acte rédempteur du Christ, mais à la *volonté* de l'homme de se soustraire à la grâce qui vient de cet acte. Le commandement de Dieu est certainement proportionné aux capacités de l'homme, mais aux capacités de l'homme auquel est donné l'Esprit Saint, de l'homme qui, s'il est tombé dans le péché, peut toujours obtenir le pardon et jouir de la présence de l'Esprit ».[164]

104.   Dans ce contexte se situe une juste ouverture à la *miséricorde de Dieu* pour le péché de l'homme qui se convertit et à la *compréhension envers la faiblesse humaine*. Cette compréhension ne signifie jamais que l'on compromet ou que l'on fausse la mesure du bien et du mal pour l'adapter aux circonstances. Tandis qu'est humaine l'attitude de l'homme qui, ayant péché, reconnaît sa faiblesse et demande miséricorde pour sa faute, inacceptable est au contraire l'attitude de celui qui fait de sa faiblesse le critère de la vérité sur le bien, de manière à pouvoir se sentir justifié par lui seul, sans même avoir besoin de recourir à Dieu et à sa miséricorde. Cette dernière attitude corrompt la moralité de toute la société, parce qu'elle enseigne le doute sur l'objectivité de la loi morale en général et le refus

---

[164] Discours aux participants à un cours sur la procréation responsable (1er mars 1984), n. 4: *Insegnamenti* VII, 1 (1984), p. 583.

du caractère absolu des interdits moraux portant sur des actes humains déterminés, et elle finit par confondre tous les jugements de valeur.

A l'inverse, nous devons recevoir *le message qui nous vient de la parabole évangélique du pharisien et du publicain* (cf. *Lc* 18, 9-14). Le publicain pouvait peut-être avoir quelque justification aux péchés qu'il avait commis, de manière à diminuer sa responsabilité. Toutefois ce n'est pas à ces justifications qu'il s'arrête dans sa prière, mais à son indignité devant l'infinie sainteté de Dieu: « Mon Dieu, aie pitié du pécheur que je suis! » (*Lc* 18, 13). Le pharisien, au contraire, s'est justifié par lui-même, trouvant sans doute une excuse à chacun de ses manquements. Nous sommes ainsi confrontés à deux attitudes différentes de la conscience morale de l'homme de tous les temps. Le publicain nous présente une conscience « pénitente » qui se rend pleinement compte de la fragilité de sa nature et qui voit dans ses manquements, quelles qu'en soient les justifications subjectives, une confirmation du fait qu'il a besoin de rédemption. Le pharisien nous présente une conscience « satisfaite d'elle-même », qui est dans l'illusion de pouvoir observer la loi sans l'aide de la grâce et a la conviction de ne pas avoir besoin de la miséricorde.

105.   Une grande vigilance est demandée à tous, afin de ne pas se laisser gagner par l'attitude pharisaïque qui prétend éliminer le sentiment de ses limites et de son péché, qui s'exprime aujourd'hui particulièrement par la tentative d'adap-

ter la norme morale à ses capacités, à ses intérêts propres et qui va jusqu'au refus du concept même de norme. Au contraire, accepter la « disproportion » entre la loi et les capacités humaines, c'est-à-dire les capacités des seules forces morales de l'homme laissé à lui-même, éveille le désir de la grâce et prédispose à la recevoir. « Qui me délivrera de ce corps qui me voue à la mort? » se demande l'Apôtre Paul. Il répond par une confession joyeuse et reconnaissante: « Grâces soient à Dieu par Jésus Christ notre Seigneur! » (*Rm* 7, 24-25).

Nous retrouvons le même état d'esprit dans cette prière de saint Ambroise de Milan: « Qu'est-ce que l'homme, si tu ne le visites pas? N'oublie pas le faible. Souviens-toi, Seigneur, que tu m'as créé faible; souviens-toi que tu m'as façonné à partir de la poussière. Comment pourrai-je tenir debout, si tu ne veilles pas à tout instant à rendre ferme cette boue que je suis, en faisant venir ma force de ton visage? "Si tu détournes ton visage, tout sera troublé" (*Ps* 104/103, 29): si tu me regardes, malheur à moi! Tu ne vois en moi que les conséquences de mes fautes; il ne nous sert ni d'être abandonnés ni d'être vus de Dieu, car, lorsqu'il nous voit, nous l'offensons. Pourtant, nous pouvons croire qu'il ne rejette pas ceux qu'il voit et qu'il purifie ceux qu'il regarde. Devant lui, brûle un feu qui peut consumer le péché (cf. *Jl* 2, 3) ».[165]

---

[165] *De interpellatione David*, IV, 6, 22: *CSEL* 32/2, 283-284.

106.   L'évangélisation représente le défi le plus fort et le plus exaltant que l'Église est appelée à relever, depuis son origine. En réalité, ce défi est dû moins aux situations sociales et culturelles qu'elle rencontre tout au long de l'histoire qu'au précepte de Jésus Christ ressuscité qui définit la raison d'être même de l'Église: « Allez dans le monde entier, proclamez l'Évangile à toute la création » (*Mc* 16, 15).

Mais la période que nous vivons, du moins dans de nombreux peuples, est plutôt le temps d'un formidable défi à la « nouvelle évangélisation », c'est-à-dire à l'annonce de l'Évangile toujours nouveau et toujours porteur de nouveauté, une évangélisation qui doit être « nouvelle en son ardeur, dans ses méthodes, dans son expression ».[166] La déchristianisation qui affecte des communautés et des peuples entiers autrefois riches de foi et de vie chrétienne implique non seulement la perte de la foi ou, en tout cas, son insignifiance dans la vie, mais aussi, et forcément, *le déclin et l'obscurcissement du sens moral:* et cela, du fait que l'originalité de la morale évangélique n'est plus perçue, ou bien à cause de l'effacement des valeurs et des principes éthiques fondamentaux eux-mêmes. Les courants subjectivistes, utilitaristes et relativistes, aujourd'hui amplement diffusés, ne se présentent pas comme de simples positions pragmatiques, comme des traits de mœurs, mais comme des

---

[166] Discours aux évêques du CELAM (9 mars 1983), III: *Insegnamenti,* VI, 1 (1983), p. 698.

conceptions fermes du point de vue théorique, qui revendiquent leur pleine légitimité culturelle et sociale.

107. *L'évangélisation* — et donc la « nouvelle évangélisation » — *comporte également l'annonce et la proposition de la morale.* Jésus lui-même, dans sa prédication du Royaume de Dieu et de l'amour sauveur, a lancé un appel à la foi et à la conversion (cf. *Mc* 1, 15). Et Pierre, avec les autres Apôtres, quand il annonce la résurrection d'entre les morts de Jésus de Nazareth, propose de vivre une vie nouvelle, une « voie » à suivre pour être disciples du Ressuscité (cf. *Ac* 2, 37-41; 3, 17-20).

Comme pour les vérités de la foi et plus encore, la nouvelle évangélisation, qui propose les fondements et le contenu de la morale chrétienne, montre son authenticité et, en même temps, déploie toute sa force missionnaire lorsqu'elle est accomplie non seulement par le don de la parole *proclamée,* mais encore de la parole *vécue.* En particulier, la *vie dans la sainteté,* qui resplendit en de nombreux membres du peuple de Dieu, humbles et souvent cachés aux yeux des hommes, constitue le moyen le plus simple et le plus attrayant par lequel il est possible de percevoir immédiatement la beauté de la vérité, la force libérante de l'amour de Dieu, la valeur de la fidélité inconditionnelle à toutes les exigences de la Loi du Seigneur, même dans les circonstances les plus difficiles. C'est pourquoi l'Église, dans la sagesse de sa pédagogie morale, a toujours invité les croyants à chercher et à trouver auprès des saints et des saintes, et en premier lieu auprès de la Vierge Mère de Dieu « pleine de grâce » et « toute sainte », exemple, force et joie pour vivre une vie fidèle aux commandements de Dieu et aux Béatitudes de l'Évangile.

La vie des saints, reflet de la bonté de Dieu — Celui qui « seul est le Bon » —, constitue une véritable confession de la foi et un stimulant pour sa transmission aux autres, et aussi une glorification de Dieu et de sa sainteté infinie. La vie sainte porte ainsi à la plénitude de son expression et de sa mise en œuvre le triple et unique *munus propheticum, sacerdotale et regale* donné à tout chrétien lors de sa renaissance baptismale « d'eau et d'Esprit » (*Jn* 3, 5). La vie morale du chrétien a une valeur de « culte spirituel » (*Rm* 12, 1; cf. *Ph* 3, 3), puisé et nourri à cette source inépuisable de sainteté et de glorification de Dieu que sont les sacrements, spécialement l'Eucharistie; en effet, en participant au sacrifice de la Croix, le chrétien communie à l'amour oblatif du Christ, il est rendu apte et il est engagé à vivre la même charité à travers toutes les attitudes et tous les comportements de sa vie. Dans l'existence morale, on voit aussi à l'œuvre le service royal du chrétien: plus il obéit, avec l'aide de la grâce, à la Loi nouvelle de l'Esprit Saint, plus il grandit dans la liberté à laquelle il est appelé en servant la vérité, la charité et la justice.

108.   A la source de la nouvelle évangélisation et de la vie morale nouvelle qu'elle propose et suscite avec les fruits de l'activité missionnaire et de

la sainteté, il y a *l'Esprit du Christ,* principe et force de la fécondité de la sainte Mère Église, comme nous le rappelle Paul VI: « L'évangélisation ne sera jamais possible sans l'action de l'Esprit Saint ».[167] A l'Esprit de Jésus, accueilli dans le cœur humble et docile du croyant, on doit donc l'épanouissement de la vie morale chrétienne et le témoignage de la sainteté dans la grande diversité des vocations, des dons, des responsabilités et des conditions de vie ou des situations: c'est l'Esprit Saint — comme déjà Novatien le faisait observer, exprimant en cela la foi authentique de l'Église — « qui a affermi l'âme et l'esprit des disciples, qui leur a dévoilé les mystères évangéliques, qui a fait briller en eux la lumière des choses divines; ainsi fortifiés, pour le nom du Seigneur ils n'ont craint ni la prison ni les chaînes: bien au contraire, ils ont méprisé même les puissances et les tortures de ce monde, armés et fortifiés désormais par Lui; ayant en eux les dons que ce même Esprit distribue et destine à l'Église, Épouse du Christ, comme des joyaux. En effet, c'est lui qui, dans l'Église, établit des prophètes, instruit les docteurs, guide la parole, fait des prodiges et des guérisons, accomplit des merveilles, accorde le discernement des esprits, assigne les charges de gouvernement, inspire les décisions, met en place et régit tous les autres charismes, donnant ainsi à l'Église du Seigneur sa perfection et son accomplissement partout et en tout point ».[168]

---

[167] Exhort. apost. *Evangelii nuntiandi* (8 décembre 1975), n. 75: *AAS* 68 (1976), p. 64.
[168] *De Trinitate*, XXIX, 9-10: CCL 4, 70.

Dans le cadre vivant de cette nouvelle évangélisation, destinée à faire naître et à nourrir « la foi
opérant par la charité » (*Ga* 5, 6), et, en fonction
de l'œuvre de l'Esprit Saint, nous pouvons maintenant comprendre la place qui, dans l'Église,
communauté des croyants, revient à la *réflexion que
la théologie doit conduire sur la vie morale,* de même
que nous pouvons présenter la mission et la responsabilité particulières des théologiens moralistes.

Le service des théologiens moralistes

109. Toute l'Église est appelée à l'évangélisation et
au témoignage d'une vie de foi, car elle participe
au *munus propheticum* du Seigneur Jésus par le
don de son Esprit. Grâce à la présence permanente en elle de l'Esprit de vérité (cf. *Jn* 14,
16-17), « l'ensemble des fidèles, ayant l'onction
qui vient du Saint (cf. *1 Jn* 2, 20.27), ne peut se
tromper dans la foi; ce don particulier qu'ils pos-
sèdent, ils le manifestent par le moyen du sens
surnaturel de foi qui est celui du peuple tout entier, lorsque, "des évêques jusqu'aux derniers des
fidèles laïcs", ils apportent aux vérités concernant
la foi et les mœurs un consentement universel ».[169]
Pour accomplir sa mission prophétique,
l'Église doit sans cesse stimuler ou « raviver » sa
vie de foi (cf. *2 Tm* 1, 6), en particulier par une
réflexion toujours plus approfondie, sous la
conduite de l'Esprit Saint, sur le contenu de la foi
elle-même. D'une manière spécifique, *la « voca-*

---

[169] CONC. ŒCUM. VAT. II, Const. dogm. *Lumen gentium,*
n. 12.

tion » du théologien dans l'Église est au service de cette « recherche par le croyant de l'intelligence de la foi »: « Parmi les vocations ainsi suscitées par l'Esprit dans l'Église — lisons-nous dans l'Instruction *Donum veritatis* —, se distingue celle du théologien qui, d'une manière particulière, a pour fonction d'acquérir, en communion avec le Magistère, une intelligence toujours plus profonde de la Parole de Dieu contenue dans l'Écriture inspirée et transmise par la Tradition vivante de l'Église. De par sa nature, la foi tend à l'intelligence, car elle ouvre à l'homme la vérité concernant sa destinée et la voie pour l'atteindre. Même si la vérité révélée surpasse notre discours, et si nos concepts sont imparfaits face à sa grandeur à la fin du compte insondable (cf. *Ep* 3, 19), elle invite pourtant notre raison — don de Dieu pour percevoir la Vérité — à entrer en sa lumière et à devenir ainsi capable de comprendre dans une certaine mesure ce qu'elle croit. La science théologique, qui recherche l'intelligence de la foi en réponse à la voix de la Vérité qui appelle, aide le peuple de Dieu, selon le commandement apostolique (cf. *1 P* 3, 15), à rendre compte de son espérance à ceux qui le demandent ».[170]

Pour définir l'identité et, par conséquent, pour mettre en œuvre la mission propre de la théologie, il est essentiel de reconnaître *son lien intime et vivant avec l'Église, avec son mystère, avec sa vie et sa mission:* « La théologie est une science ec-

---

[170] CONGRÉG. POUR LA DOCTRINE DE LA FOI, Instruction sur la vocation ecclésiale du théologien *Donum veritatis* (24 mai 1990), n. 6: *AAS* 82 (1990), p. 1552.

clésiale, parce qu'elle grandit dans l'Église et qu'elle agit sur l'Église... Elle est au service de l'Église et elle doit donc se sentir insérée de manière dynamique dans la mission de l'Église, en particulier dans sa mission prophétique ».[171] Étant donné sa nature et son dynamisme, la théologie authentique ne peut s'épanouir et se développer que par la participation et l'« appartenance » convaincues et responsables à l'Église comme « communauté de foi », de même que l'Église elle-même et sa vie dans la foi bénéficient des fruits de la recherche et de l'approfondissement théologiques.

110.   Ce qui a été dit de la théologie en général peut et doit être repris pour la *théologie morale,* considérée dans sa spécificité de réflexion scientifique sur *l'Évangile comme don et comme précepte de vie nouvelle,* sur la vie « selon la vérité et dans la charité » (*Ep* 4, 15), sur la vie de sainteté de l'Église, dans laquelle resplendit la vérité du bien porté à sa perfection. Dans le domaine de la foi, mais aussi et inséparablement dans le domaine de la morale, intervient le *Magistère de l'Église* dont la tâche est de « discerner, par des jugements normatifs pour la conscience des fidèles, les actes qui sont en eux-mêmes conformes aux exigences de la foi et en promeuvent l'expression dans la vie, et ceux qui au contraire, de par leur malice intrin-

[171] Allocution aux professeurs et aux étudiants de l'Université pontificale grégorienne (15 décembre 1979), n. 6: *Insegnamenti* II, 2 (1979), p. 1424.

sèque, sont incompatibles avec ces exigences ».[172]

En prêchant les commandements de Dieu et la charité du Christ, le Magistère de l'Église enseigne aussi aux fidèles les préceptes particuliers et spécifiques, et il leur demande de considérer en conscience qu'ils sont moralement obligatoires. En outre, le Magistère exerce un rôle important de vigilance, qui l'amène à avertir les fidèles de la présence d'erreurs éventuelles, même seulement implicites, lorsque leur conscience n'arrive pas à reconnaître la justesse et la vérité des règles morales qu'il enseigne.

C'est ici qu'intervient le rôle spécifique de ceux qui enseignent la théologie morale dans les séminaires et les facultés de théologie par mandat des pasteurs légitimes. Ils ont le grave devoir d'instruire les fidèles — spécialement les futurs pasteurs — au sujet de tous les commandements et de toutes les normes pratiques que l'Église énonce avec autorité.[173] Malgré les limites éventuelles des démonstrations humaines présentées par le Magistère, les théologiens moralistes sont appelés à approfondir les motifs de ses enseignements, à mettre en relief les fondements de ses préceptes et leur caractère obligatoire en montrant les liens qu'ils ont entre eux et leur rapport avec la fin dernière de l'homme.[174] Il revient aux théologiens moralistes d'exposer la doctrine de l'Église et de don-

[172] CONGRÉG. POUR LA DOCTRINE DE LA FOI, Instruction *Donum veritatis* (24 mai 1990), n. 16: *AAS* 82 (1990), p. 1557.
[173] Cf. *C.I.C.*, can. 252, § 1; 659, § 3.
[174] Cf. CONC. ŒCUM. VAT. I, Const. dogm. *Dei Filius*, ch. 4: *DS*, n. 3016.

ner, dans l'exercice de leur ministère, l'exemple d'un assentiment loyal, intérieur et extérieur, à l'enseignement du Magistère dans le domaine du dogme et dans celui de la morale.[175] Faisant appel à toute leur énergie pour collaborer avec le Magistère hiérarchique, les théologiens auront à cœur de mettre toujours mieux en lumière les fondements bibliques, les significations éthiques et les motivations anthropologiques qui soutiennent la doctrine morale et la conception de l'homme proposées par l'Église.

111.   Les services que les théologiens moralistes sont appelés à rendre à l'heure actuelle sont de première importance, non seulement pour la vie et la mission de l'Église, mais aussi pour la société et pour la culture humaine. Il leur appartient, dans un lien étroit et vital avec la théologie biblique et dogmatique, de souligner par leur réflexion scientifique « l'aspect dynamique qui est celui de la réponse que l'homme doit faire à l'appel divin en progressant dans l'amour au sein d'une communauté de salut. Ainsi la théologie morale acquerra cette dimension spirituelle interne qu'exige le plein développement de l'*imago Dei* qui se trouve dans l'homme, et le progrès spirituel que l'ascétique et la mystique chrétiennes décrivent ».[176]

---

[175] Cf. PAUL VI, Encycl. *Humanæ vitæ* (25 juillet 1968), n. 28: *AAS* 60 (1968), p. 501.
[176] S. CONGRÉG. POUR L'ÉDUCATION CATHOLIQUE, *La formation théologique des futurs prêtres* (22 février 1976), n. 100. *Documentation Catholique*, 1698 (1976), p. 472. Voir les nn. 95-101 qui présentent les perspectives et les conditions d'un travail fécond de renouveau théologique et moral: *l.c.,* pp. 471-472.

Aujourd'hui, la théologie morale et son enseignement se trouvent assurément en face de difficultés particulières. Parce que la morale de l'Église comporte nécessairement une *dimension normative,* on ne peut réduire la théologie morale à n'être qu'un savoir élaboré dans le seul cadre de ce qu'on appelle *sciences humaines.* Alors que ces dernières traitent le phénomène de la moralité comme une donnée historique et sociale, la théologie morale, tout en devant utiliser les sciences de l'homme et de la nature, n'est pas pour autant soumise aux résultats de l'observation empirique et formelle ou de l'interprétation phénoménologique. En réalité, la pertinence des sciences humaines en théologie morale est toujours à apprécier en fonction de la question primordiale: *qu'est-ce que le bien ou le mal? Que faire pour obtenir la vie éternelle?*

112.   Le théologien moraliste doit donc exercer un discernement attentif dans le cadre de la culture actuelle essentiellement scientifique et technique, exposée aux risques du relativisme, du pragmatisme et du positivisme. Du point de vue théologique, les principes moraux ne dépendent pas du moment de l'histoire où on les découvre. En outre, le fait que certains croyants agissent sans suivre les enseignements du Magistère ou qu'ils considèrent à tort comme moralement juste une conduite que leurs pasteurs ont déclarée contraire à la Loi de Dieu, ne peut pas être un argument valable pour réfuter la vérité des normes morales enseignées par l'Église. L'af-

firmation des principes moraux ne relève pas des méthodes empiriques et formelles. Sans contester la validité de ces méthodes, mais aussi sans limiter sa perspective à ces méthodes, la théologie morale, fidèle au sens surnaturel de la foi, prend en considération avant tout *la dimension spirituelle du cœur humain et sa vocation à l'amour divin.*

En effet, tandis que les sciences humaines, comme toutes les sciences expérimentales, développent une conception empirique et statistique de la « normalité », la foi enseigne que cette normalité porte en elle les traces d'une chute de l'homme par rapport à sa situation originelle, c'est-à-dire qu'elle est blessée par le péché. Seule la foi chrétienne montre à l'homme la voie du retour à l'« origine » (cf. *Mt* 19, 8), une voie souvent bien différente de celle de la normalité empirique. En ce sens, les sciences humaines, malgré la grande valeur des connaissances qu'elles apportent, ne peuvent pas être tenues pour des indicateurs déterminants des normes morales. C'est l'Évangile qui dévoile la vérité intégrale sur l'homme et sur son cheminement moral, et qui ainsi éclaire et avertit les pécheurs en leur annonçant la miséricorde de Dieu qui œuvre sans cesse pour les préserver du désespoir de ne pas pouvoir connaître et observer la Loi de Dieu et aussi de la présomption de pouvoir se sauver sans mérite. Il leur rappelle également la joie du pardon qui, seul, donne la force de reconnaître dans la loi morale une vérité libératrice, une grâce d'espérance, un chemin de vie.

113. L'enseignement de la doctrine morale suppose que l'on assume consciemment ces responsabilités intellectuelles, spirituelles et pastorales. C'est pourquoi les théologiens moralistes qui acceptent la charge d'enseigner la doctrine de l'Église ont le grave devoir de former les fidèles à ce discernement moral, à l'engagement pour le bien véritable et au recours confiant à la grâce divine.

Si les convergences et les conflits d'opinions peuvent constituer des expressions normales de la vie publique dans le cadre d'une démocratie représentative, la doctrine morale ne peut certainement pas dépendre du simple respect d'une procédure: en effet, elle n'est nullement établie en appliquant les règles et les formalités d'une délibération de type démocratique. *Le dissentiment,* fait de contestations délibérées et de polémiques, exprimé en utilisant les moyens de communication sociale, *est contraire à la communion ecclésiale et à la droite compréhension de la constitution hiérarchique du Peuple de Dieu.* On ne peut reconnaître dans l'opposition à l'enseignement des pasteurs une expression légitime de la liberté chrétienne ni de la diversité des dons de l'Esprit. Dans ce cas, les pasteurs ont le devoir d'agir conformément à leur mission apostolique, en exigeant que soit toujours respecté *le droit des fidèles* à recevoir la doctrine catholique dans sa pureté et son intégrité: « N'oubliant jamais qu'il est lui aussi membre du peuple de Dieu, le théologien doit le respecter et s'attacher à lui dispenser un enseignement qui n'altère en rien la doctrine de la foi ».[177]

Nos responsabilités de pasteurs

114.   C'est aux pasteurs qu'incombe, à un titre particulier, la responsabilité de la foi du Peuple de Dieu et de sa vie chrétienne, comme nous le rappelle le Concile Vatican II: « Parmi les charges principales des évêques, la prédication de l'Évangile est la première. Les évêques sont, en effet, les hérauts de la foi, qui amènent au Christ de nouveaux disciples; et les docteurs authentiques, c'est-à-dire pourvus de l'autorité du Christ, qui prêchent, au peuple à eux confié, la foi qui doit régler sa pensée et sa conduite, faisant rayonner cette foi sous la lumière de l'Esprit Saint, dégageant du trésor de la Révélation le neuf et l'ancien (cf. *Mt* 13, 52), faisant fructifier la foi, attentifs à écarter toutes les erreurs qui menacent leur troupeau (cf. *2 Tm* 4, 1-4) ».[178]

C'est notre devoir commun, et plus encore notre grâce commune, d'enseigner aux fidèles, en tant que pasteurs et évêques de l'Église, ce qui les conduit vers Dieu, comme le fit un jour le Seigneur Jésus avec le jeune homme de l'Évangile. Répondant à sa demande: « Que dois-je faire de bon pour obtenir la vie éternelle? », Jésus l'a ren-

---

[177] CONGRÉG. POUR LA DOCTRINE DE LA FOI, Instruction *Donum veritatis* (24 mai 1990), n. 11: *AAS* 82 (1990), p. 1554; cf. en particulier les nn. 32-39 consacrés au problème du dissentiment: *ibid., l.c.,* pp. 1562-1568.
[178] Const. dogm. *Lumen gentium,* n. 25.

voyé à Dieu, Seigneur de la création et de l'Alliance; il lui a rappelé les commandements moraux, déjà contenus dans l'Ancien Testament; il en a montré l'esprit et le caractère radical par l'invitation à marcher à sa suite dans la pauvreté, l'humilité et l'amour: « Viens et suis-moi! » La vérité de cette doctrine a été scellée dans le sang du Christ sur la Croix: elle est devenue, dans l'Esprit Saint, la Loi nouvelle de l'Église et de tout chrétien.

Cette « réponse » à la question morale, le Christ Jésus nous la confie d'une manière particulière à nous pasteurs de l'Église, appelés à en faire la matière de notre enseignement, dans l'accomplissement de notre *munus propheticum*. En même temps, en ce qui concerne la morale chrétienne, notre responsabilité de pasteurs doit aussi s'exercer sous la forme du *munus sacerdotale:* c'est ce qui se réalise lorsque nous dispensons aux fidèles les dons de la grâce et de la sanctification, qui leur permettent d'obéir à la sainte Loi de Dieu, et lorsque nous soutenons les croyants par notre prière constante et confiante afin qu'ils soient fidèles aux exigences de la foi et vivent selon l'Évangile (cf. *Col* 1, 9-12). La doctrine morale chrétienne doit être, aujourd'hui surtout, un des domaines privilégiés dans notre vigilance pastorale, dans l'exercice de notre *munus regale*.

115.   En fait, c'est la première fois que le Magistère de l'Église fait un exposé d'une certaine ampleur sur les éléments fondamentaux de cette doctrine, et qu'il présente les raisons du discernement pastoral qu'il est nécessaire d'avoir dans des

situations pratiques et des conditions culturelles complexes et parfois critiques.

A la lumière de la Révélation et de l'enseignement constant de l'Église, spécialement de celui du Concile Vatican II, j'ai rappelé brièvement les traits essentiels de la liberté, les valeurs fondamentales liées à la dignité de la personne et à la vérité de ses actes, de manière à ce que l'on puisse reconnaître, dans l'obéissance à la loi morale, une grâce et un signe de notre adoption dans le Fils unique (cf. *Ep* 1, 4-6). En particulier, la présente encyclique offre des évaluations en ce qui concerne certaines tendances contemporaines de la théologie morale. Je vous en fais part maintenant, obéissant à la parole du Seigneur qui a confié à Pierre la charge d'affermir ses frères (cf. *Lc* 22, 32), pour éclairer et faciliter notre commun discernement.

Chacun de nous sait l'importance de la doctrine qui constitue l'essentiel de l'enseignement de la présente encyclique et qui est rappelée aujourd'hui avec l'autorité du Successeur de Pierre. Chacun de nous peut mesurer la gravité de ce qui est en cause, non seulement pour les individus, mais encore pour la société entière, avec la *réaffirmation de l'universalité et de l'immutabilité des commandements moraux,* et en particulier de ceux qui proscrivent toujours et sans exception les *actes intrinsèquement mauvais.*

En reconnaissant ces commandements, le cœur du chrétien et notre charité pastorale entendent l'appel de Celui qui « nous a aimés le premier » (*1 Jn* 4, 19). Dieu nous demande d'être saints comme lui-même est saint (cf. *Lv* 19, 2), d'être, dans le Christ, parfaits comme lui-même est parfait (cf. *Mt* 5, 48): la fermeté exigeante du commandement se fonde sur l'amour miséricordieux et inépuisable de Dieu (cf. *Lc* 6, 36), et le commandement a pour but de nous conduire, avec la grâce du Christ, sur le chemin de la plénitude de la vie propre aux fils de Dieu.

116.   En tant qu'évêques, nous avons le devoir *d'être vigilants pour que la Parole de Dieu soit fidèlement enseignée.* Mes Frères dans l'Épiscopat, il entre dans notre ministère pastoral de veiller à la transmission fidèle de cet enseignement moral et de prendre les mesures qui conviennent pour que les fidèles soient préservés de toute doctrine ou de toute théorie qui lui sont contraires. Dans cette tâche, nous avons tous l'aide des théologiens. Cependant, les opinions théologiques ne constituent ni la règle ni la norme de notre enseignement, dont l'autorité découle, avec l'aide de l'Esprit Saint et dans la communion *cum Petro et sub Petro,* de notre fidélité à la foi catholique reçue des Apôtres. Comme évêques, nous avons le grave devoir de veiller *personnellement* à ce que la « saine doctrine » (*1 Tm* 1, 10) de la foi et de la morale soit enseignée dans nos diocèses.

Vis-à-vis des *institutions catholiques,* une responsabilité particulière s'impose aux évêques. Qu'il s'agisse d'organismes destinés à la pastorale familiale ou sociale, ou bien d'institutions vouées à l'enseignement ou à l'action sanitaire, les évêques peuvent ériger et reconnaître ces structures et leur déléguer des responsabilités; toutefois, ils ne sont jamais dispensés de leurs obligations propres. C'est leur devoir, en communion avec le Saint-Siège, de reconnaître ou de retirer, dans des cas de graves incohérences, le qualificatif de « catholique » aux écoles,[179] aux universités,[180] aux cliniques ou aux services médico-sociaux qui se réclament de l'Église.

117. Dans le cœur du chrétien, au plus profond de tout être humain, se fait toujours entendre la question qu'adressa un jour à Jésus le jeune homme de l'Évangile: « Maître, que dois-je faire de bon pour obtenir la vie éternelle? » (*Mt* 19, 16). Mais c'est au « bon » Maître qu'il faut l'adresser, parce que lui seul peut répondre dans la plénitude de la vérité, en toutes circonstances, dans les situations les plus diverses. Et lorsque les chrétiens lui adressent cette question qui monte de leur conscience, le Seigneur répond par les paroles de l'Alliance Nouvelle confiées à son Église. Or, comme le dit l'Apôtre à son propre sujet, nous sommes envoyés « annoncer l'Évangile, et cela sans la sagesse du langage, pour que ne soit pas réduite à néant la Croix du Christ » (*1 Co* 1, 17). C'est pour cela que la réponse de l'Église à la question de l'homme possède la sagesse et la puissance du Christ crucifié, la Vérité qui se donne.

Quand les hommes présentent à l'Église les questions de leur conscience, quand à l'intérieur de

---

[179] Cf. *C.I.C.,* can. 803, § 3.
[180] Cf. *C.I.C.,* can. 808.

l'Église les fidèles s'adressent à leurs évêques et à leurs pasteurs, *c'est la voix de Jésus Christ, la voix de la vérité sur le bien et le mal qu'on entend dans la réponse de l'Église.* Dans la parole prononcée par l'Église retentit, à l'intime de l'être, la voix de Dieu, qui « seul est le Bon » (*Mt* 19, 17), qui seul « est amour » (*1 Jn* 4, 8.16).

Dans l'*onction de l'Esprit,* cette parole douce et exigeante se fait lumière et vie pour l'homme. C'est encore l'Apôtre Paul qui nous invite à la confiance, parce que « notre capacité vient de Dieu: c'est lui qui nous a rendus capables d'être les ministres d'une Alliance Nouvelle, une Alliance qui n'est pas celle de la lettre de la Loi, mais celle de l'Esprit... Le Seigneur, c'est l'Esprit, et là où l'Esprit du Seigneur est présent, là est la liberté. Et nous tous qui, le visage découvert, réfléchissons comme en un miroir la gloire du Seigneur, nous sommes transformés en cette même image, allant de gloire en gloire, par l'action du Seigneur qui est Esprit » (*2 Co* 3, 5-6. 17-18).

CONCLUSION

Marie, Mère de Miséricorde

118. Au terme de ces considérations, c'est à Marie, Mère de Dieu et Mère de Miséricorde, que nous confions nos personnes, les épreuves et les joies de notre existence, la vie morale des croyants et des hommes de bonne volonté, ainsi que les recherches des moralistes.

Marie est Mère de Miséricorde parce que Jésus Christ, son Fils, est envoyé par le Père pour être la révélation de la Miséricorde de Dieu (cf. *Jn* 3, 16-18). Il est venu non pour condamner, mais pour pardonner, pour faire usage de la miséricorde (cf. *Mt* 9, 13). Et la plus grande miséricorde, c'est, pour lui, d'être au milieu de nous et de nous adresser son appel à venir à Lui et à Le reconnaître, en union avec Pierre, comme « le Fils du Dieu vivant » (*Mt* 16, 16). Il n'est aucun péché de l'homme qui puisse annuler la Miséricorde de Dieu, l'empêcher d'exercer toute sa puissance victorieuse aussitôt que nous y avons recours. Au contraire, la faute elle-même fait resplendir encore davantage l'amour du Père qui, pour racheter l'esclave, a sacrifié son Fils: [181] sa miséricorde envers nous, c'est la Rédemption. Cette miséricorde at-

---

[181] « O inæstimabilis dilectio caritatis: ut servum redimeres, Filium tradidisti! »: *Missale Romanum, In Resurrectione Domini, Præconium paschale.*

teint sa plénitude par le don de l'Esprit, qui engendre la vie nouvelle et l'appelle. Si nombreux et si grands que soient les obstacles semés par la faiblesse et le péché de l'homme, l'Esprit, qui renouvelle la face de la terre (cf. *Ps* 104/103, 30), rend possible le miracle du parfait accomplissement du bien. Un tel renouvellement, qui donne la capacité de faire ce qui est bon, noble, beau, agréable à Dieu et conforme à sa volonté, est en quelque sorte l'épanouissement du don de miséricorde, qui délivre de l'esclavage du mal et donne la force de ne plus pécher. Par le don de la vie nouvelle, Jésus nous rend participants de son amour et nous conduit au Père dans l'Esprit.

119.   Voilà la certitude réconfortante de la foi chrétienne, qui lui vaut d'être profondément humaine et d'une *extraordinaire simplicité*. Parfois, dans les discussions sur les problèmes nouveaux et complexes en matière morale, il peut sembler que la morale chrétienne soit en elle-même trop difficile, trop ardue à comprendre et presque impossible à mettre en pratique. C'est faux, car, pour l'exprimer avec la simplicité du langage évangélique, elle consiste à *suivre le Christ,* à s'abandonner à Lui, à se laisser transformer et renouveler par sa grâce et par sa miséricorde qui nous rejoignent dans la vie de communion de son Église. « Qui veut vivre, nous rappelle saint Augustin, sait où vivre, sait sur quoi fonder sa vie. Qu'il approche, qu'il croie, qu'il se laisse incorporer pour

être vivifié! Qu'il ne craigne pas la compagnie de ses frères! ».[182] Avec la lumière de l'Esprit, tout homme, même le moins savant, et surtout celui qui sait garder un « cœur simple » (*Ps* 86/85, 11), peut donc saisir la substance vitale de la morale chrétienne. D'autre part, cette simplicité évangélique ne dispense pas d'affronter la complexité du réel, mais elle peut amener à la comprendre avec plus de vérité, parce que marcher à la suite du Christ mettra progressivement en lumière les traits de l'authentique morale chrétienne et donnera en même temps le ressort vital pour la pratiquer. C'est le devoir du Magistère de l'Église de veiller à ce que le dynamisme de la réponse à l'appel du Christ se développe de manière organique, sans que soient falsifiées ou occultées les exigences morales, avec toutes leurs conséquences. Celui qui aime le Christ observe ses commandements (cf. *Jn* 14, 15).

120.   Marie est Mère de Miséricorde également parce que c'est à elle que Jésus confie son Église et l'humanité entière. Au pied de la Croix, lorsqu'elle accueille Jean comme son fils, lorsqu'elle demande, avec le Christ, le pardon du Père pour ceux qui ne savent pas ce qu'ils font (cf. *Lc* 23, 34), Marie, en parfaite docilité à l'Esprit, fait l'expérience de la richesse et de l'universalité de l'amour de Dieu, qui dilate son cœur et la rend capable d'embrasser le genre humain tout entier. Elle devient ainsi la Mère de tous et de chacun d'entre nous, Mère qui nous obtient la Miséricorde divine.

---

[182] *In Iohannis Evangelium Tractatus*, 26, 13: *CCL*, 36, 266.

Marie est un signe lumineux et un exemple attirant de vie morale: « Sa vie seule est un enseignement pour tous », écrit saint Ambroise [183] qui, s'adressant particulièrement aux vierges, mais dans une perspective ouverte à tous, déclare: « Le premier et ardent désir d'apprendre, la noblesse du maître vous le donne. Et qui est plus noble que la Mère de Dieu? Qui est plus splendide que celle qui fut élue par la Splendeur elle-même? »[184] Marie vit et met en œuvre sa liberté en se donnant elle-même à Dieu et en accueillant en elle le don de Dieu. Elle garde en son sein virginal le Fils de Dieu fait homme jusqu'au moment de sa naissance, elle l'élève, elle le fait grandir et elle l'accompagne dans ce geste suprême de liberté qu'est le sacrifice total de sa vie. Par le don d'elle-même, Marie entre pleinement dans le dessein de Dieu qui se donne au monde. En accueillant et en méditant dans son cœur des événements qu'elle ne comprend pas toujours (cf. *Lc* 2, 19), elle devient le modèle de tous ceux qui écoutent la parole de Dieu et la gardent (cf. *Lc* 11, 28) et elle mérite le titre de « Trône de la Sagesse ». Cette Sagesse, c'est Jésus Christ lui-même, le Verbe éternel de Dieu, qui révèle et accomplit parfaitement la volonté du Père (cf. *He* 10, 5-10). Marie invite tout homme à accueillir cette Sagesse. C'est à nous aussi qu'elle adresse l'ordre donné aux serviteurs, à Cana de Galilée, durant le repas de noces: « Faites tout ce qu'il vous dira » (*Jn* 2, 5).

[183] *De Virginibus*, II, 2, 15: *PL* 16, 222.
[184] *Ibid.*, II, 2, 7: *PL* 16, 220.

Marie partage notre condition humaine, mais dans une transparence totale à la grâce de Dieu. N'ayant pas connu le péché, elle est en mesure de compatir à toute faiblesse. Elle comprend l'homme pécheur et elle l'aime d'un amour maternel. Voilà pourquoi elle est du côté de la vérité et partage le fardeau de l'Église dans son rappel des exigences morales à tous et en tout temps. Pour la même raison, elle n'accepte pas que l'homme pécheur soit trompé par quiconque prétendrait l'aimer en justifiant son péché, car elle sait qu'ainsi le sacrifice du Christ, son Fils, serait rendu inutile. Aucun acquittement, fût-il prononcé par des doctrines philosophiques ou théologiques complaisantes, ne peut rendre l'homme véritablement heureux: seules la Croix et la gloire du Christ ressuscité peuvent pacifier sa conscience et sauver sa vie.

O Marie,
Mère de Miséricorde,
veille sur tous,
afin que la Croix du Christ
ne soit pas rendue vaine,
que l'homme ne s'égare pas
hors du sentier du bien,
qu'il ne perde pas la conscience du péché,
qu'il grandisse dans l'espérance en Dieu,
« riche en miséricorde » (*Ep* 2, 4),
qu'il accomplisse librement les œuvres bonnes
préparées d'avance par Dieu (cf. *Ep* 2, 10)
et qu'il soit ainsi, par toute sa vie,
« à la louange de sa gloire » (*Ep* 1, 12).

Donné à Rome, près de Saint-Pierre, le 6 août 1993, fête de la Transfiguration du Seigneur, en la quinzième année de mon pontificat.

Joannes Paulus II

GUIDE DE LECTURE

REPÈRES

Le souci passionné de l'homme, créé à l'image et ressemblance de Dieu, est au cœur de *Veritatis splendor*. Le concile Vatican II trouve ici un de ses prolongements les plus remarquables : la contemplation du Verbe incarné nous éclaire sur le mystère et sur la dignité de l'homme, puisque l'éclat du visage de Dieu resplendit dans toute sa beauté sur le visage de Jésus-Christ, « image du Dieu invisible » (Col 1,15) (VS 2). L'encyclique est d'abord ceci : un hymne à la noblesse de l'homme et à la grandeur de sa vocation de fils de Dieu.

La conscience de cette dignité de chaque personne humaine, reçue de la Parole de Dieu, nourrit la confiance et l'intrépidité de l'Église. De la lumière ainsi accueillie et méditée au cours de sa longue histoire, l'Église tire des critères de discernement suffisamment établis pour indiquer des voies sûres dans une époque angoissée, guettée par la tentation du scepticisme et du relativisme. La situation actuelle est qualifiée comme étant celle d'une « véritable crise » (VS 5). Celle-ci affecte la société, elle marque de larges secteurs de la culture, elle étend ses ramifications jusque dans le champ de la théologie morale, elle affecte la vie morale des fidèles.

Mais si la perception de la crise a poussé Jean-Paul II à écrire l'encyclique, c'est commettre un contresens que d'y voir un texte de crise. La belle méditation

187

sur l'Écriture contenue dans le premier chapitre introduit au climat spirituel dans lequel doit être lue cette encyclique. La foi vivante dans l'amour créateur et rédempteur de Dieu pour l'homme – chaque homme et tout l'homme – lui imprime son élan.

* * *

Dire que l'homme est créé à l'image et ressemblance de Dieu, c'est affirmer sa nature de personne. Parler de personne, c'est du même coup parler de sa liberté. Le thème est caractéristique de la pensée chrétienne. Il a suscité des œuvres parmi les plus significatives : qu'il suffise, à titre d'exemple, de citer saint Augustin et Dostoïevski. C'est dire que d'une manière plus ou moins directe la tradition chrétienne est présente là où il est question de liberté.

Mais c'est progressivement au cours du temps, que l'homme prend la mesure de sa propre profondeur. Parfois ce qui était déjà là, comme en latence, éclate avec une telle force que la conscience semble aborder pour la première fois des terres nouvelles. Ainsi en est-il, à l'époque moderne, de la liberté devenue objet d'une revendication passionnée. Sa perception se présente dans un premier temps comme une sorte de poussée obscure, non encore élucidée. Dès que la pensée entend rendre compte de cette donnée spirituelle et culturelle, des questions décisives se posent. Quel est le sens de la liberté humaine ? Quel est son pouvoir créateur et son ampleur ? Est-elle le fait de l'humanité dans son ensemble, de la société ou de l'individu ? Les philosophes sont en désaccord. Tantôt on l'exalte, tantôt on souligne ses conditionnements et ses limites jusqu'au point d'y voir des déterminismes négateurs. Si nous voulons porter un diagnostic qui corresponde aux expériences de notre siècle tragique, nous ne pouvons ignorer que c'est au nom de la libération, de l'instauration de la liberté, que des peuples entiers ont été soumis à une implacable servitude.

C'est au cœur même de ce qui est reconnu comme la conquête majeure de l'âge moderne que se situe la crise.

Il est des agressions qui attaquent la liberté du dehors; plus radicalement elle est menacée quand la maladie, cachée dans ses propres replis, est capable d'en ruiner le sens. *Veritatis splendor* l'a bien vu, qui affirme que le *problème fondamental* est le problème du *rapport entre la liberté et la vérité* (VS 84).

Telle est l'intuition centrale de l'encyclique.

* * *

Jean-Paul II ne propose pas *une* théologie parmi d'autres; il rappelle un certain nombre de principes de base qu' sont présupposés à toute théologie morale chrétienne.

Le premier point est d'ordre anthropologique. Il concerne la liberté humaine. Le christianisme reprend et approfondit une idée dont on trouve une première expression dans la philosophie grecque. La démarche éthique est comme condensée dans la formule : *deviens ce que tu es.* C'est donc la vérité de son être qui est le guide de la liberté de l'homme responsable de soi. Cet homme est une personne, c'est-à-dire un être ayant valeur pour lui-même, capable de délibérer de sa propre destinée. La conscience de la personne, de ses droits et devoirs, traduit la révélation de l'*image de Dieu* par quoi l'homme est désigné dans le récit biblique de la création.

L'image dit ressemblance et assimilation : la personne est appelée à participer, fils dans le Fils unique, à la béatitude divine. Sa vocation est vocation d'éternité. On saisit comment la Révélation est aussi révélation des profondeurs abyssales de la liberté humaine. Celle-ci décide de son éternité.

Aussi la démarche éthique trouve son fondement ultime dans le rapport à Dieu. La conscience du péché elle-même est conscience du poids de responsabilité qu'assume la liberté dans des choix qui impliquent l'intériorisation par l'amour de ce rapport à Dieu ou sa rupture par le refus.

L'image dit aussi distance : la liberté de la personne humaine est une liberté créée qui *reçoit* ses propres mesures et critères. Comme telle elle est limitée et faillible.

Bien plus l'expérience chrétienne de la liberté est aussi expérience des obstacles et des servitudes qu'elle porte en elle-même. Elle est une liberté blessée, mais elle sait qu'elle peut s'appuyer, pour vaincre, sur Celui qui est le Père des miséricordes. La dialectique du péché et de la grâce est inscrite dans l'expérience chrétienne de la liberté.

***

La conscience de la liberté qui est au centre de l'humanisme chrétien trouve sur sa route le défi majeur des idéologies et des philosophies qui font de la liberté un absolu. Il n'est plus question d'accepter sa condition de créature avec les dépendances que cela comporte. Bien plus, Dieu apparaît comme un rival, la liberté, autosuffisante et souverainement autonome, s'affirme en luttant contre Dieu, en le niant, ou simplement en l'ignorant et le mettant entre parenthèses. Le rapport à la vérité est inversé : la liberté, autofondatrice, est source des valeurs.

Mais qui ne voit qu'à suivre cette logique, dont je ne fais ici que tracer l'épure à grands traits, la liberté marche vers son autodestruction et vers le nihilisme? Car la liberté humaine ne peut pas créer la vérité de rien. Quand elle se prétend souveraine, elle tombe dans la parodie en s'efforçant d'imposer par la force son propre arbitraire à l'arbitraire des autres libertés. « Si Dieu n'existe pas, tout est permis » : la phrase profonde de Dostoïevski irritait Simone de Beauvoir : mais quel code du non-permis pouvait-elle proposer sinon un ensemble de tabous? En politique il importe de réfléchir à l'influence des conceptions de la liberté négatrices de la transcendance sur les idéologies totalitaires.

***

Notre culture contemporaine se trouve ainsi sollicitée par deux conceptions antagonistes de la liberté. La décision éclairée sur la route à suivre ne pourra pas long-temps se dérober par le recours à des faux-fuyants éclec-tiques.

L'antagonisme se vérifie à divers niveaux. Le pre-mier est celui de la conception de la raison.

L'encyclique insiste sur le rôle essentiel de la raison dans les choix éthiques, qui sont des choix délibérés.

La volonté libre, qui choisit, n'est pas à elle-même sa propre règle. C'est pourquoi on parle de *théonomie participée*.

C'est en Dieu, souverain Bien, que la règle du bien-agir trouve son fondement. La raison humaine est apte à saisir les principes de la loi morale qui indiquent le bien à poursuivre et à faire, ainsi que le mal à éviter et reje-ter. Ces principes premiers de la loi morale sont appelés principes de la loi naturelle. Ils sont perceptibles par la raison humaine dans son exercice spontané. Celle-ci, en effet, saisit les tendances fondamentales de notre être vers ses fins propres, fins qui correspondent à la complexité de l'homme, et qui trouvent leur clef de voûte et leur intégration dans la tendance au Bien suprême et absolu. Ces tendances, qui doivent s'entendre au sens métaphysique, appartiennent à notre nature; elles y sont inscrites par le Créateur. La raison, les ayant perçues et exprimées comme lois, éclaire la volonté libre dans ses choix qui sont des choix raison-nables, par lesquels la personne dispose de soi pour le bien.

La loi naturelle n'est cependant pas la loi suprême. Elle est participation à la loi éternelle, par quoi on entend la sagesse ordinatrice du Créateur. La loi morale s'impose certes, elle fonde l'obligation, mais elle n'est pas un ordre arbitraire tombé du ciel; elle parle à la rai-son, elle reflète la Sagesse suprême. Et c'est pourquoi elle est libératrice.

Avec la révélation faite, dans le Christ, de notre vocation divine, Dieu donne à la foi des lumières nou-velles sur notre cheminement vers la béatitude qu'Il est lui-même. Mais la Révélation, dans le Décalogue, reprend le contenu de la loi naturelle. L'encyclique rap-pelle ici, à la suite de saint Paul, une doctrine de grande importance.

La loi morale, dont les croyants, grâce à la Révélation mosaïque confirmée par l'autorité du Christ, ont une connaissance sûre, est d'abord perçue par tout homme qui interroge sa raison. Elle exprime à l'homme, créature de Dieu, la vérité de sa nature.

En tant qu'elle forme des jugements et guide nos choix, la raison éthique peut être dite autonome. Mais parce que sa lumière naturelle est participation à la lumière divine, cette autonomie ne peut s'entendre dans un sens absolu comme si la raison humaine était la Raison tout court, se suffisant dans sa propre immanence. Dans cette dernière perspective, on tendra à identifier raison et liberté, de sorte qu'en obéissant à la loi morale la liberté n'obéirait qu'à elle-même. La liberté se poserait comme fondement de la vérité, ou encore il y aurait identité entre liberté et vérité.

« *Si la raison était raisonnable* [1] » : la petite phrase de Pascal met en lumière ce qu'a d'irréel la prétention de la raison humaine à la totale autonomie. Elle ignore la possibilité de l'erreur et le péril, que court une raison voulant être à elle-même sa propre loi, de basculer dans l'irrationnel.

Ici encore, la philosophie politique peut nous aider à réfléchir à un grave péril.

*\
* *

Dans le même ordre de choses, l'encyclique développe une riche doctrine de la conscience, comme instance prochaine du jugement moral sur l'acte à poser ou sur l'acte antérieurement accompli. Il y a obligation à suivre sa conscience. Mais la conscience, d'une manière responsable ou sans qu'il y ait de sa faute, peut se tromper. C'est pourquoi il y a également obligation de former sa conscience, instance judicative qui requiert information, raisonnement et rectitude.

À l'opposé, les théories qui partent de l'affirmation de l'autonomie absolue de la liberté et de la raison, sont entraînées à poser l'infaillibilité de la conscience, instance ultime et suprême de décision.

---

[1] Cf. Pascal, *Pensées*, n. 189, éd. Jacques Chevalier, Paris, 1954.

Mais cette exaltation de la conscience conduit à une impasse redoutable : la conscience ainsi conçue n'est plus le sanctuaire où la personne écoute les sommations d'une loi universelle reflétant les exigences de l'humanité, pour les appliquer à une situation singulière, qui lui est propre. Instance autosuffisante, elle devient la voix de l'individu en tant qu'il est un individu différent des autres. Elle est comme l'écho qui renvoie à chacun sa propre voix. Tout se passe alors comme si la liberté s'opposait à la nature humaine, que d'aucuns d'ailleurs n'hésitent pas à nier, et comme s'il y avait autant de valeurs qu'il y a d'individus. Cet individualisme extrême, qui existe à l'état de tendance, devient ainsi l'ennemi de l'humanisme. Là encore, il n'est pas difficile d'en mesurer les conséquences au plan social et politique.

*
* *

Entre la loi morale dans son universalité et le jugement qui dirige le choix, la raison pratique suit un long parcours. C'est ce que signifie le mot application; il s'agit de la progressive réalisation de la loi jusqu'à l'intérieur d'actes qui sont par nature singuliers. Sur ce chemin, et au seuil du choix éclairé, le jugement de conscience, qui rapproche la loi et la particularité des « circonstances » de l'acte concret, tient un rôle décisif. Alors que la saisie de la loi morale est immédiate, un raisonnement, parfois difficile, est nécessaire pour juger de la pertinence et du mode de son application.

Pour cela, la conscience de chacun n'est pas abandonnée à elle-même. Dans les livres sapientiaux de l'Ancien Testament et dans la littérature antique, la réflexion s'est portée sur des cas plus circonstanciés, plus particularisés, qu'on se proposait d'éclairer des lumières de la loi morale. Il y a là un trésor de sagesse, où chacun, dans ses interrogations et ses perplexités, est invité à puiser. Ce trésor s'est enrichi tout au cours de l'histoire de l'Église qui n'a cessé de méditer sur l'existence chrétienne à la lumière de l'Évangile. Dans son prolongement se situe le service du moraliste.

En d'autres termes, la réflexion sur les problèmes d'éthique fait partie de la culture. Ce qui est ainsi présenté, ce ne sont pas des stéréotypes à appliquer mécaniquement. Mais l'humaine nature étant le bien commun de tous, il est normal que chacun bénéficie des raisonnements qui sont le fruit de la sagesse et de l'expérience d'autrui. De plus, si chaque choix est une invention, il y a entre toutes les situations humaines de profondes analogies qui permettent d'aider le cheminement de chacun par la méditation d'exemples typiques.

Notre raison est limitée, elle est faillible. Qu'elle se fasse aider pour voir plus clair, ce n'est pas là déchoir de la liberté, c'est prendre la mesure de sa responsabilité.

Pour les croyants qui savent que l'Église a reçu le charisme de l'interprétation de la Parole de Dieu et de la Loi divine qu'elle contient, accueillir son enseignement est dans la cohérence de leur vie de foi.

Tant il est vrai que c'est en étant fidèle à la vérité de son être que la personne exerce pleinement sa liberté.

Georges COTTIER, O.P.
Théologien de la maison pontificale.

ANALYSE

« Que dois-je faire ? » (VS 2). La question posée par
Kant faisait écho à l'interrogation soumise à Jésus
« Que faire de bon ? » (Mt 19,6). « Recherche du
sens », discernement du bien et du mal (VS 2), « voie
du salut » (VS 3) : autant d'expressions de la question
morale. Celle-ci « rejoint en profondeur tout homme »
(VS 3). La tradition catholique tient la réponse comme
possible ; même, elle la croit donnée dans la vie et la
parole de Jésus-Christ. La vérité de l'Évangile a l'éclat
de la beauté : *Veritatis splendor.* Aux yeux de l'Église,
cette doctrine donnée d'en haut est transmissible et donc
toujours communicable, disponible pour tous et accessible à chacun.

*« Il est toujours et en toute circonstance possible de faire
le bien ». « Personne sans exception n'est jamais condamné
à mal faire ». Ces deux joyaux de l'espérance catholique se
trouvent contemplés par l'encyclique sous un triple éclai-
rage. Le premier chapitre a la beauté de l'Évangile, le
second reflète les tourments de la liberté, le troisième atteste
la gravité et l'amour de l'Église, Mère et Éducatrice.*

Avant d'en suivre le déploiement, indiquons *l'objet
précis* de l'encyclique. Il se trouve réexprimé de diverses
façons : « Pour ne pas réduire à rien la Croix du Christ »
(1 Co 1,17 ; c'est l'intitulé du troisième chapitre). « De
nombreux saints et saintes ont rendu témoignage à la

vérité morale et l'ont défendue jusqu'au *martyre*, préférant la mort à un seul péché mortel. (...) L'Église a canonisé leur témoignage et déclaré vrai leur jugement, selon lequel l'amour de Dieu implique obligatoirement le respect de ses commandements, même dans les circonstances les plus graves, et le refus de les transgresser, même dans l'intention de sauver sa propre vie › (VS 91).

Le martyre éclaire depuis des temps immémoriaux les traditions chrétienne, juive et stoïcienne. Il constitue une réponse pratique et décisive à la question motrice de la pensée occidentale : où trouver l'Absolu dans l'histoire? Comment dans le flux des opinions découvrir la pensée et l'être? Comment dans le chatoiement du sensible rencontrer le Bien et son éclat? Comment atteindre au jour de l'Éternel? Les pressentiments d'Héraclite et de Parménide, les intuitions de Platon et les analyses d'Aristote, les annonces d'Isaïe et les angoisses de Jérémie ont inscrit dans les traditions humaines l'espoir de trouver ici et maintenant l'Un et le Tout, de posséder aujourd'hui la vie absolue, bref, dans la chair, de dire le vrai et de faire le bien. L'Incarnation du Verbe (cf. VS 53, n. 98) a scellé le goût de la Vérité dans notre chair et de la Bonté dans nos gestes.

Si le martyre affirme « l'inviolabilité de l'ordre moral », « la sainteté de la Loi de Dieu », « l'intangibilité de la dignité personnelle » (VS 92), il atteste encore l'inconditionnalité du devoir, la présence de l'Absolu dans nos vies et, dans un choix concret, le don de l'Éternité bienheureuse. Depuis le juste crucifié de Platon et le Serviteur Souffrant d'Isaïe, le martyre indique le lieu inconnu où tout se perd ou se gagne, parce que tout a été donné et offert à choisir.

L'espérance prophétique, la sagesse grecque et la simplicité de l'Évangile reconnaissent dans le martyre un joyau de l'humanité. Celui-ci signifie « de manière particulièrement éloquente le caractère inacceptable des théories éthiques, qui nient l'existence de normes morales déterminées et valables ` sans exception » (VS 90). On peut être familier ou non de ce langage scolastique et kantien : il dit clairement le « devoir de s'abstenir même d'un seul acte concret contraire à l'amour de Dieu et au témoignage de la foi » (VS 91).

I. La question morale et la réponse de l'Évangile

« Maître, que dois-je faire de bon? » (Mt 19,16).

Le premier chapitre de *Veritatis splendor* commente la question morale posée à Jésus. « C'est une question de plénitude de sens » (VS 7), c'est « la recherche secrète et l'élan intime » de la liberté. L'interrogation « traduit une aspiration au Bien absolu qui nous attire et nous appelle à lui; elle est l'écho de la vocation qui vient de Dieu, origine et fin de la vie humaine » (VS 7).

La réponse du Christ est d'abord d'ordre religieux (VS 9) : « Un seul est le Bon » (Mt 19,17); « Nul n'est bon que Dieu seul » (Mc 10,18; Lc 18,19). « La bonté, qui attire et (...) engage l'homme, a sa source en Dieu, bien plus, (...) elle est Dieu lui-même, (...) Dieu (...) source du bonheur de l'homme (...) fin ultime de l'agir humain, béatitude parfaite » (VS 9).

La vie morale se présente dès lors comme une « réponse d'amour » aux initiatives de Dieu. « Écoute Israël... » (Dt 6,4-7; VS 10). « *Reconnaître le Seigneur comme Dieu est le noyau fondamental, le cœur de la Loi,* d'où découlent et auquel sont ordonnés les préceptes particuliers » (VS 11).

« Si tu veux entrer dans la vie, observe les commandements » (Mt 19,17). Ainsi est énoncé le « lien étroit » évoqué plus haut « entre la vie éternelle et l'obéissance aux commandements de Dieu » (VS 12). Ceux-ci indiquent à l'homme les gestes concrets qui jalonnent « le chemin de la vie et qui conduisent vers elle » (VS 12). Jésus rappelle en effet les commandements de la « seconde Table » du Décalogue « dont le résumé et le fondement sont le commandement de l'amour du prochain : "Tu aimeras ton prochain comme toi-même" (Mt 19,19; cf Mc 12,31) » (VS 13).

« Les différents commandements du Décalogue (...) sont (...) la répercussion de l'unique commandement du bien de la personne, au niveau des nombreux biens qui caractérisent son identité d'être spirituel et corporel en relation avec Dieu, avec le prochain et avec le monde matériel » (VS 13). Et l'encyclique de citer le *Catéchisme de l'Église catholique* : « Les dix commandements (...) nous enseignent (...) la véritable humanité de l'homme. Ils mettent donc en lumière les devoirs essentiels et donc indirectement les droits fondamentaux inhérents à la nature de la personne humaine » (CEC 2070).

L'encyclique précise ici la doctrine. « Les commandements (...) sont destinés à sauvegarder *le bien* de la personne, image de Dieu », c'est-à-dire elle-même et sa destinée, « par la protection de *ses biens*. " Tu ne tueras pas, tu ne commettras pas d'adultère, tu ne voleras pas, tu ne porteras pas de faux témoignage " sont des normes morales formulées en termes d'interdits. Les préceptes négatifs expriment fortement la nécessité imprescriptible de protéger la vie humaine, la communion des personnes dans le mariage, la propriété privée, la véracité et la bonne réputation » (VS 13).

Les commandements de l'amour de Dieu et de l'amour du prochain « sont parfaitement unis entre eux et s'interpénètrent. Jésus rend témoignage de leur indivisible unité par ses paroles et par sa vie : sa mission culmine à la Croix rédemptrice » (VS 14). Il aura rendu à la vérité son beau témoignage. Il « est " l'accomplissement " vivant de la Loi (...) par ce don total de lui-même » (VS 15).

L'Évangile révèle Celui qui se donne totalement aux frères pour l'amour de Dieu. « *Suivre le Christ* », imiter et revivre sa charité, adhérer à sa Personne et à son Église, tel « *est le fondement (...) de la morale chrétienne* » (VS 19). En lui nous obtenons l'accomplissement des promesses, l'observance des commandements, le don de l'Esprit et la vie nouvelle de la grâce et de la charité. Augustin l'enseigne : « La Loi a donc été donnée pour que l'on demande la grâce; la grâce a été donnée pour que l'on remplisse les obligations de la Loi » (VS 23).

La doctrine de la Loi nouvelle ou évangélique inspirait la catéchèse des apôtres, alors même qu'ils donnaient un « enseignement éthique avec des normes précises de comportement » (VS 26). La tâche de promouvoir avec la foi la vie morale a été confiée par Jésus aux Apôtres. Cette tâche « se poursuit dans le ministère de leurs successeurs » (VS 27). « Il appartient à l'Église d'annoncer en tout temps et en tout lieu les principes de la morale, même en ce qui concerne l'ordre social, ainsi que de porter un jugement sur toute réalité humaine dans la mesure où l'exigent les droits fondamentaux de la personne humaine ou le salut des âmes » (VS 27).

II. Doctrine morale et opinions erronées

Le premier chapitre de l'encyclique indique la profondeur du débat moral. Il suggère le niveau spirituel et religieux du discernement entrepris dans le second chapitre. L'encyclique fait état du « développement doctrinal » (VS 28 ; VS 4 note 8) consubstantiel à la Vérité incarnée ; et prend acte du « devoir » incombant au Magistère de « déclarer l'incompatibilité de certaines orientations de la pensée théologique ou de telle ou telle affirmation philosophique avec la vérité révélée » (VS 30). Sans donner ici d'autre précision, l'encyclique présente deux traits complémentaires de l'enseignement catholique : la ferme conviction de l'Église de posséder « une lumière et une force capables de résoudre même les questions les plus discutées et les plus complexes » (VS 30) de la vie morale, et l'attention passionnée à la liberté de l'homme », au « respect de la conscience », à la « dignité de la personne humaine », à la « culture moderne » (VS 31) de la liberté.

L'Église parle avec l'autorité reçue de la Vérité qui la fonde et voit la liberté au centre de la question morale (VS 34). L'homme est fait pour dire le vrai et faire le bien, pour chercher la vérité et, une fois connue, y adhérer (VS 34). La dépendance fondamentale de la liberté par rapport à la vérité et au bien constitue une donnée primordiale de la conscience morale, de ses jugements et de sa dignité. C'est aussi le principe rationnel de l'évaluation critique opérée par l'encyclique.

L'encyclique ne caractérise guère, au début de ce deuxième chapitre, les « interprétations de la morale chrétienne qui ne sont pas compatibles avec " la saine doctrine " (2 Tm 4,9) » (VS 29). D'une manière programmatique, elle les présente dans la perspective des liens entre « liberté » et « vérité », histoire et *logos*. « Sous l'influence des courants subjectivistes et individualistes (...), certaines tendances de la théologie morale actuelle interprètent d'une manière nouvelle les rapports de la liberté avec les lois morales [VS 35 ss.], avec la nature humaine [VS 46 ss.] et avec la conscience [VS 54 ss.]; elles proposent des critères inédits pour l'évaluation morale des actes [VS 66 s. et 71 s.]. Malgré leur variété, ces tendances se rejoignent dans le fait d'affaiblir ou de nier *la dépendance de la liberté par rapport à la vérité* » (VS 34).

Plus loin, les théories morales mises en cause seront résumées avec précision (VS 65, 68, 69 et VS 74-75); elles seront aussi « repoussées » comme « erronées » (VS 82) dans un langage très formel (VS 67 et 78, 79, 80, *82*). Cependant, le propos de Jean-Paul II est de dégager d'emblée les ultimes enjeux rationnels de questions à première vue pratiques et casuistiques. C'est pourquoi l'encyclique fait précéder l'évaluation des théories morales par une réflexion anthropologique sur la liberté.

La liberté de l'homme

Avec *Gaudium et spes* 17, *Veritatis splendor* reconnaît dans la *liberté* un point décisif de la modernité : elle entend en présenter une intelligence dégagée du « prétendu conflit entre la liberté et la loi » (GS 35). En réaction contre les doctrines du serf-arbitre, « la requête moderne d'autonomie a exercé *son influence dans la théologie morale catholique* ». Il était opportun de mettre « en lumière le caractère rationnel (...) des normes morales appartenant au domaine de la loi morale naturelle » (VS 36). Mais la « souveraineté totale de la raison », la séparation entre un ordre éthique terrestre et un ordre intérieur du salut, la négation de préceptes moraux spécifiques et déterminés ainsi que de leur validité universelle et permanente, le rejet dès lors immanquable de la compétence doctrinale de l'Église sur les normes morales précises concernant le bien humain constituent autant de « thèses incompatibles avec la doctrine catholique » (VS 37).

La véritable liberté participe à la seigneurie divine et, par là, contracte une responsabilité personnelle. La raison humaine remplit son rôle dans la détermination et l'application de la règle morale ; elle puise sa vérité et son autorité « dans la Loi éternelle qui n'est autre que la Sagesse divine » (VS 40). « La juste autonomie de la raison pratique signifie que l'homme possède en lui-même sa loi, reçue du Créateur » (VS 40). La liberté de l'homme et la Loi de Dieu se rejoignent et sont appelées – dans l'Alliance – à s'interpénétrer et à coopérer. *Veritatis splendor* refuse dès lors de parler d'« hétéronomie », mais reprend le mot du père de Finance : « théonomie participée ». La loi morale est « participation de la raison et de la volonté humaines à la sagesse et à la providence de Dieu » : « en s'y soumettant, la liberté se soumet à la vérité de la création » (VS 41).

La nature de la personne

Comme il n'y a pas de contrariété entre la loi et la *liberté*, celle-ci n'est pas l'opposé de notre *nature*. « Les débats sur la nature et la liberté ont toujours accompagné l'histoire de la réflexion morale, prenant un tour aigu au temps de la Renaissance et de la Réforme » (VS 46). L'époque contemporaine est marquée de cette « tension ». Celle-ci est décrite en même temps que sont évoquées les objections opposées à la doctrine traditionnelle de la loi naturelle, notamment en matière sexuelle et conjugale. Ces critiques fréquentes sont clairement énoncées (VS 47). Elles invitent à une méditation plus approfondie des rapports entre liberté et nature, notamment « de la place du corps humain » dans la vie morale.

Veritatis splendor rappelle les enseignements de

l'Église sur l'unité de l'être humain, « *corpore et anima unus* » (GS 14). « C'est dans l'unité de l'âme et du corps que (la personne) est le sujet de ses actes moraux (VS 48). « *Une doctrine qui dissocie l'acte moral des dimensions corporelles de son exercice est contraire aux enseignements de la Sainte Écriture et de la Tradition* » (VS 49). « La loi naturelle (...) se réfère (...) à la " nature de la personne humaine " qui est la personne elle-même dans l'unité (...) de ses inclinations d'ordre spirituel ou biologique et de tous les autres caractères spécifiques nécessaires à la poursuite de sa fin » (VS 50).

Le lien de la nature et de la liberté dans la loi naturelle permet d'en reconnaître *l'universalité* rationnelle (VS 51) et *l'immutabilité* à travers l'histoire (VS 53). L'universalité de la loi est celle de la nature raisonnable. Cette universalité ne méconnaît pas la singularité de chaque personne, « au contraire, elle inclut à leur source tous ses actes libres qui doivent attester l'universalité du bien authentique » (VS 51) et commun à tous.

Les préceptes positifs « réunissent dans le même bien commun tous les hommes de toutes les époques de l'histoire, créés pour " la même vocation et la même destinée divine " (VS 52). « Les préceptes négatifs de la loi naturelle sont universellement valables : ils obligent tous et chacun, toujours et en toute circonstance. En effet, ils interdisent une action déterminée, *semper et pro semper*, sans exception, parce que le choix d'un tel comportement n'est en aucun cas compatible avec la bonté de la volonté de la personne qui agit, avec sa vocation à la vie avec Dieu et à la communion avec le prochain. Il est défendu à tous et toujours de transgresser des préceptes qui interdisent, à tous et à tout prix, d'offenser en quiconque et, avant tout, en soi-même, la dignité personnelle commune à tous » (VS 52).

La formule paraît redondante, elle est tourmentée. Elle dit la présence, en chaque être de l'histoire humaine, de l'Absolu du Bien, tout entier donné, à reconnaître ou à perdre en chacun de nos actes délibérés. Cette universalité de la loi atteste la raison dans l'histoire. Puisque universelle, la loi enveloppe l'histoire humaine. Ses préceptes sont immuables dans la mesure où ils expriment à travers les siècles et pour chaque culture la vérité originelle de notre création dans le Christ (VS 53).

La conscience morale

« Le lien entre la liberté et la loi se rattache étroitement à l'interprétation que l'on donne de la *conscience morale* » (VS 54). L'opposition entre liberté et loi conduit « à une interprétation "créative" de la conscience morale qui s'écarte de la position traditionnelle de l'Église et de son Magistère » (VS 54). Ces interprétations sont décrites assez largement (VS 55-56). À les entendre, la conscience évalue et décide « de manière autonome ». Sa voix, dit-on, « amène l'homme moins à une observation scrupuleuse des normes universelles qu'à une prise en compte créative et responsable des missions personnelles que Dieu lui confie » (VS 55). La conscience relèverait non pas d'une considération doctrinale et abstraite, mais existentielle et concrète. « Celle-ci (...) pourrait légitimement fonder des exceptions à la règle générale et permettre ainsi d'accomplir pratiquement, avec une bonne conscience, ce que la loi morale qualifie d'intrinsèquement mauvais. Ainsi s'instaure dans certains cas une séparation, voire une opposition, entre la doctrine du précepte valable en général et la norme de la conscience de chacun, qui déciderait effectivement, en dernière instance, du bien et du mal » (VS 56).

L'identité du jugement de conscience comme acte de la raison pratique est par là mise en cause. *Veritatis splendor* invoque l'Épître aux Romains (2,15-16) pour indiquer le lien spécifique de la conscience avec la loi. La conscience porte témoignage, elle émet un jugement moral sur l'homme et ses actes, « selon que les actes humains sont ou non conformes à la Loi de Dieu inscrite dans le cœur » (VS 59). « Tandis que la loi naturelle met en lumière les exigences objectives et universelles du bien moral, la conscience applique la loi au cas particulier (...) La conscience formule (...) l'obligation de faire ce que l'homme, par un acte de sa conscience, *connaît* comme un bien qui lui est désigné ici et maintenant. (...) Le jugement de la conscience affirme " en dernier ressort " la conformité d'un comportement concret à la loi ; il formule la norme la plus immédiate de la moralité d'un acte volontaire, en réalisant " l'application de la loi objective à un cas particulier " > (VS 59).

« Le jugement de la conscience ne définit pas la loi, mais il atteste l'autorité de la loi naturelle et de la raison pratique en rapport avec le Bien suprême par lequel la personne humaine se laisse attirer et dont elle reçoit les commandements > (VS 60). « Ainsi, dans le jugement pratique de la conscience, qui impose à la personne l'obligation d'accomplir un acte déterminé, se révèle le lien entre la liberté et la vérité (VS 61), entre histoire et *logos*.

Pour éduquer son jugement, l'être humain doit chercher la vérité et le bien. « La conscience *n'est pas un juge infaillible*, elle peut se tromper > (VS 62). Si cette ignorance n'est pas coupable, la conscience ne cesse pas alors « de parler au nom de la vérité sur le bien que le sujet est appelé à rechercher sincèrement > (VS 62) et qu'il a déjà partiellement reconnue. Mais pour autant, « il n'est jamais acceptable de confondre une erreur (...) sur le bien moral avec la vérité (...) rationnellement proposée à l'homme en vertu de sa fin, ni de considérer que la valeur morale de l'acte accompli avec une conscience vraie et droite équivaut à celle de l'acte accompli en suivant le jugement d'une conscience erronée. Le mal commis (...) peut ne pas être imputable à la personne qui le commet ; mais même dans ce cas, il n'en demeure pas moins un mal, un désordre par rapport à la vérité sur le bien > (VS 63). Le mal commis reste une privation qui affecte l'agent et perturbe la communion des personnes. À plus forte raison, si la conscience « est coupablement erronée > (VS 63).

Veritatis splendor invite avec l'Évangile à considérer le danger d'une déformation de la conscience : l'encyclique appelle surtout à « former la conscience > pour développer la conaturalité entre la raison humaine et le bien véritable. « Pour former leur conscience, les chrétiens sont grandement aidés par l'Église et par son Magistère, ainsi que l'affirme le Concile Vatican II dans la déclaration *Dignitatis Humanae*, au numéro 14 (VS 64). « L'autorité de l'Église, qui se prononce sur les questions morales, ne lèse (...) en rien la liberté de conscience des chrétiens » : dire la vérité de la loi, c'est éduquer les consciences et libérer les libertés pour le bien.

Au service de la conscience (VS 64)

Le premier chapitre a mis en relief, à la lumière de l'Évangile, la finalité de l'agir moral et l'obligation des commandements. Il a rappelé la vocation à la perfection et la suite du Christ, la nécessité de la grâce et l'autorité de l'Église en matière morale. Le deuxième chapitre a d'abord développé avec la Tradition de l'Église la réflexion sur la liberté au centre de la question morale. L'encyclique a manifesté l'alliance, dans la loi, de la liberté et de la vérité ; elle a inscrit la liberté dans l'unité de la personne et l'a enracinée dans la raison. Cette réflexion sur la liberté s'est achevée par l'analyse du jugement de la conscience à suivre fidèlement comme une expression, même inadéquate, de la vérité.
Finalité de l'agir et commandements divins, référence de la liberté à la vérité, unité spirituelle et corporelle de la personne humaine, universalité et permanence de la loi morale se concrétisent dans le jugement pratique de la conscience, témoin de la vérité universelle du bien comme de l'obligation morale du choix particulier.

Tous les éléments sont ainsi réunis pour opérer les *évaluations critiques* nécessaires sur certaines théories morales de l'option fondamentale et des téléologismes (ou proportionalismes et conséquentialismes). *Veritatis splendor* traite ces questions à la lumière de la doctrine traditionnelle des sources de la moralité : *intention, objet* et *circonstances*. « Si les actes sont intrinsèquement mauvais, une intention bonne ou des circonstances particulières peuvent en atténuer la malice, mais ne peuvent pas la supprimer > (VS 81). Cette affirmation en fin du chapitre rassemblera l'argumentation. L'option fondamentale peut et doit être bonne comme l'intention : elle ne suffit pas à qualifier la moralité du choix des comportements concrets (VS 65-70). Les différents effets, conséquences ou autres circonstances de l'action doivent être appréciés justement : « elles peuvent atténuer ou augmenter la responsabilité de l'agent (...) Elles ne peuvent de soi modifier la qualité morale des actes eux-mêmes ; elles ne peuvent rendre ni bonne ni juste une action en elle-même mauvaise > (CEC 1754).

D'une part, « la fin ne justifie pas les moyens > (CEC 1759) ; d'autre part, il n'est pas permis de faire le mal pour qu'il en résulte un bien (CEC 1761).

Ces deux propositions simples recouvrent l'affirmation centrale tirée de *Reconciliatio et paenitentia* 17 : « il y a des actes qui par eux-mêmes et en eux-mêmes, indépendamment des circonstances (VS 71-83) > et des intentions (VS 65-70) « sont toujours gravement illicites en raison de leur objet > (VS 80 et CEC 1756).

Veritatis splendor offre une description critique de la « dissociation > entre option fondamentale et choix délibéré de comportements concrets (VS 66), comme aussi des théories « appelées téléologiques > (VS 74), « conséquentialismes > ou « proportionalismes > (VS 75). Les discernements donnés tiennent compte de multiples nuances. Ils se concentrent dans une affirmation : les circonstances ou les intentions « ne pourront jamais transformer un acte intrinsèquement malhonnête de par son objet en un acte " subjectivement " honnête ou défendable comme choix > (VS 81).

La genèse de cette phrase importe moins que sa teneur. Les développements précédents sur l'universalité et l'immutabilité de la loi naturelle ont mis en relief les fondements personnalistes de la validité des préceptes négatifs qui interdisent toujours et en toute circonstance une action déterminée et ce, sans exception. La rationalité de ces prescriptions ne tient pas à une décision juridique ou à une volonté arbitraire, mais à la nature de la personne humaine, de sa raison et de ses actes, dans son mouvement vers le Bien ultime, sa souveraine origine.

Veritatis splendor exprime de multiples façons empruntées aux diverses traditions catholiques, ce caractère des actes dits « irrémédiablement déshonnêtes » qui « par eux-mêmes et en eux-mêmes ne peuvent être ordonnés à Dieu et au bien de la personne » (VS 81). Ces actes « intrinsèquement mauvais » (VS 67, *80*, 105) sont parfois appelés, par raccourci, « mal intrinsèque » (VS 79, 83, 96). Leur malice ne provient pas d'une volonté étrangère ou d'une qualification extrinsèque. Ils sont mauvais « par eux-mêmes » (VS 73) et « en eux-mêmes » (VS 80, 81), en vertu de leur définition, de leur contrariété interne et formelle avec le bien humain, le bien commun des personnes et, par là, le Souverain Bien. Ils sont qualifiés « selon leur espèce » morale (VS 77) ou selon leur « genre » (VS 79, 80, 82), car ils spécifient et déterminent moralement l'acte délibéré, la volonté et la personne qui agit.

« *L'objet de l'acte délibéré* » *(VS 76)*

La doctrine des actes intrinsèquement mauvais peut avoir des origines historiques mêlées, parfois ambigües. La Tradition biblique y discerne la qualification morale d'un acte délibéré, *ex objecto*, en raison de son objet (VS 72, 74, 75, 76, 78, 79, 80, 82).

L'agir moral doit être qualifié « indépendamment des intentions ultérieures de celui qui agit, et des circonstances » (VS 80), car l'acte humain dépend de son objet, du comportement déterminé librement choisi comme « fin prochaine d'un choix délibéré qui détermine [c'est-à-dire parfait] l'acte du vouloir de la personne qui agit » (VS 78). L'objet choisi est ou non susceptible d'être librement ordonné à Dieu et de réaliser ou non la libre perfection de la personne. « L'acte humain, bon selon son objet » (sa fin prochaine) apporte à la puissance du vouloir la détermination par laquelle elle peut participer et accéder « à sa perfection ultime et décisive » quand elle « l'ordonne effectivement à Dieu par la charité » (VS 78).

La dignité de l'homme ne réside pas seulement dans l'élan de sa liberté, mais encore et surtout dans la recherche et l'obtention de la Vérité et du Bien, de Dieu. « Histoire et Esprit » : dans la contingence des choix et de la chair, le Verbe de Vie, la fin ultime et bienheureuse.

« Avec le souci d'instruire » (2 Tm 4,2)

Ces considérations fondamentales expliquent la rigueur des évaluations portées sur les théories qui dissocient les intentions générales, ou options fondamentales, des choix particuliers où se donne concrètement le Bien véritable (VS 65 s.). Elles rendent aussi raison de la critique sévère exercée sur des thèses qui réservent la bonté et la malice morale au domaine des intentions et réduisent les comportements concrets à un « ordre pré-moral », appelé non-moral, physique ou ontique. Comme si les valeurs, c'est-à-dire le bien, pouvaient se donner en dehors des actes concrets et à l'encontre des préceptes déterminés de la loi divine et naturelle (VS 75 s.).

La moralité de l'acte humain dépend avant tout et fondamentalement de l'objet raisonnablement choisi par la volonté délibérée (VS 78). C'est pourquoi « il faut repousser la thèse des théories téléologiques et proportionnalistes *selon laquelle il serait impossible de qualifier comme moralement mauvais selon son genre* — son « objet » — *le choix délibéré de certains comportements ou de certains actes déterminés, en les séparant de l'intention dans laquelle le choix a été fait ou de la totalité des conséquences prévisibles de cet acte pour toutes les personnes concernées* (VS 79). Il est « erroné » (VS 82) de considérer la moralité d'un acte humain en faisant abstraction de son objet. Celui-ci détermine si l'acte volontaire peut ou non être orienté à la fin ultime qu'est Dieu (VS 79). Il est dès lors contraire au bien humain comme au Souverain Bien « de prendre comme objet d'un acte positif de la volonté ce qui est intrinsèquement un désordre et par conséquent une chose indigne de la personne humaine » (VS 80 citant *Humanae vitae* 14). « Il y a des comportements concrets qu'il est toujours erroné de choisir, parce que leur choix comporte un désordre de la volonté, c'est-à-dire un mal moral > (VS 78 citant CEC 1761).

III. POUR LA VIE DE L'ÉGLISE ET DU MONDE

Le chapitre III montre la portée de ces théories et de leur critique pour la vie de l'Église et du monde. Ce chapitre indique d'abord les enjeux de la doctrine proposée en ce qui concerne la formation de la conscience morale (VS 85 ss.), la sainteté de la personne (VS 88-94) et la vie sociale (VS 95-101). Il rappelle ensuite la nécessité de la grâce pour l'obéissance à la Loi de Dieu (VS 102-105). Il énonce enfin, dans le cadre de la nouvelle Évangélisation toujours confiée à l'Église (VS 106-108), le service des théologiens moralistes (VS 109-113) et les responsabilités des pasteurs, singulièrement des évêques (VS 114-117).

< Il est alors urgent que les chrétiens redécouvrent *la nouveauté de leur foi et la force qu'elle donne au jugement par raport à la culture dominante et envahissante* > (VS 88). < La foi a aussi un contenu moral (...) elle comporte et perfectionne l'accueil et l'observance des commandements divins (...). Par la vie morale, la foi devient " confession ", (...) elle se fait témoignage > (VS 89).
< Le rapport entre la foi et la morale resplendit de tout son éclat dans le respect inconditionnel dû aux exigences absolues de la dignité personnelle de tout homme, exigences soutenues par les normes morales interdisant sans exception tous les actes intrinsèquement mauvais. (...) Le fait du *martyre* chrétien (...) confirme (...) le caractère inacceptable des théories éthiques, qui nient l'existence de normes morales déterminées et valables sans exception > (VS 90). < Il y a des vérités et des valeurs morales pour lesquelles on doit être disposé à donner jusqu'à sa vie > (VS 94). Les chrétiens ne sont pas les seuls à le croire.
< La fermeté de l'Église dans sa défense des normes

morales universelles et immuables n'a rien d'humiliant »
(VS 96). Ce n'est pas une intolérable intransigeance.
« Ces normes constituent le fondement (...) et la garantie
(...) d'une *convivialité humaine* juste et pacifique, et donc
d'une *démocratie* véritable qui ne peut naître et se développer qu'à partir de l'égalité de tous ses membres à
parité de droits et de devoirs. *Par rapport aux normes
morales qui interdisent le mal intrinsèque, il n'y a de privilège ni d'exception pour personne.* Que l'on soit le maître
du monde ou le dernier des " misérables " (...), cela ne
fait aucune différence : devant les exigences morales,
nous sommes tous absolument égaux » (VS 96).

« Les règles morales fondamentales de la vie sociale
comportent des *exigences précises* auxquelles doivent se
conformer aussi bien les pouvoirs publics que les
citoyens » (VS 97). Ce n'est pas seulement affaire
d'intentions ou de circonstances, mais de droits fondamentaux inaliénables. « Seule une morale qui reconnaît
des normes valables toujours et pour tous, sans aucune
exception, peut garantir les fondements éthiques de la
convivialité, au niveau national ou international »
(VS 97).

Veritatis splendor cite plusieurs exemples tirés de la
vie sociale pour confirmer le propos. L'encyclique *Centesimus annus* avait montré dans le *totalitarisme* une conséquence de la négation de la dignité de la personne et de
ses droits inaliénables (VS 99). Le *Catéchisme de l'Église
catholique* présente toute « une série de comportements et
d'actes » contraires à la justice commutative en matière
économique. Ne pas les proscrire toujours et en toute circonstance conduit à l'asservissement des êtres humains
(VS 100, citant CEC 2407-2414). De même, dans la vie
politique, « le relativisme éthique (...) retire à la convivialité civile toute référence morale sûre et la prive plus
radicalement de l'acceptation de la vérité. (...) Une
démocratie sans valeurs se transforme facilement en un
totalitarisme déclaré ou sournois » (VS 101).

La méditation de l'encylique se termine avec l'évoca-
tion de la *miséricorde divine*. « Inacceptable est au
contraire l'attitude de celui qui fait de sa faiblesse le cri-

tère de la vérité sur le bien, de manière à pouvoir se sentir justifié par lui seul, sans même avoir besoin de recourir à Dieu et à sa miséricorde » (VS 104).

Les dernières pages (VS 106-117) sont d'une extrême gravité. « En prêchant les commandements de Dieu et la charité du Christ, le Magistère de l'Église enseigne aussi aux fidèles les préceptes particuliers et spécifiques, et il leur demande de considérer en conscience qu'ils sont moralement obligatoires. En outre, le Magistère exerce un rôle important de vigilance » prophétique « qui l'amène à avertir les fidèles de la présence d'erreurs éventuelles, même seulement implicites, lorsque leur conscience n'arrive pas à reconnaître la justesse et la vérité des règles morales qu'il enseigne » (VS 110). Ces paroles du Saint Père sont très fortes.

Jean-Paul II rappelle les devoirs des théologiens moralistes à cet égard (VS 111-113) et la responsabilité des évêques (VS 114-116). « Comme évêques », écrit l'évêque de Rome, « nous avons le grave devoir de veiller *personnellement* à ce que la " saine doctrine " (1 Tm 1,10) de la foi et de la morale soit enseignée dans nos diocèses » (VS 116). Pour que ne soit pas réduite à néant la croix du Christ (VS 1178).

* *
*

La conclusion de l'encylique salue et invoque *Marie, Mère de Miséricorde*. « Il n'est aucun péché de l'homme qui puisse annuler la Miséricorde de Dieu » (VS 118). La miséricorde renoue et scelle l'alliance des libertés et de la Vérité. Seule la grâce du pardon accorde l'homme à la Loi de Dieu. Marie invite chacun à accueillir la Sagesse de cet éternel surcroît.

« Faites tout ce qu'il vous dira » (Jn 2,5).

Albert CHAPELLE, S.J.

TABLE

CHAPITRE I

« MAÎTRE, QUE DOIS-JE FAIRE DE BON...? »
(*Mt* 19, 16)

Le Christ et la réponse à la question morale

CHAPITRE II

« NE VOUS MODELEZ PAS SUR LE MONDE PRÉSENT »
(*Rm* 12, 2)

L'Église et le discernement sur certaines tendances
de la théologie morale actuelle

CHAPITRE III

« POUR QUE NE SOIT PAS RÉDUITE À NÉANT
LA CROIX DU CHRIST » (*1 Co* 1, 17)

*Le bien moral pour la vie de l'Église
et du monde*

Cet ouvrage a été réalisé par la
SOCIÉTÉ NOUVELLE FIRMIN-DIDOT
Mesnil-sur-l'Estrée
pour le compte des Éditions Mame/Plon
en septembre 1993

Imprimé en France
Dépôt légal : octobre 1993
N° d'édition : 93337 - N° d'impression : 24961